Alfred Zimmermann

Siehe, ich mache alles neu

Gottesdienste, Predigten, Texte

Fromm Verlag

Impressum / Imprint
Bibliografische Information der Deutschen Nationalbibliothek: Die Deutsche Nationalbibliothek verzeichnet diese Publikation in der Deutschen Nationalbibliografie; detaillierte bibliografische Daten sind im Internet über http://dnb.d-nb.de abrufbar.

Bibliographic information published by the Deutsche Nationalbibliothek: The Deutsche Nationalbibliothek lists this publication in the Deutsche Nationalbibliografie; detailed bibliographic data are available in the Internet at http://dnb.d-nb.de.

Verlag / Publisher:
Fromm Verlag
ist ein Imprint der / is a trademark of
OmniScriptum GmbH & Co. KG
Heinrich-Böcking-Str. 6-8, 66121 Saarbrücken, Deutschland / Germany
Email: info@frommverlag.de

Herstellung: siehe letzte Seite /
Printed at: see last page
ISBN: 978-3-8416-0530-6

Alfred Zimmermann

Siehe, ich mache alles neu

Inhalt

Vorwort

Als ich vom Fromm-Verlag eingeladen wurde, Predigten und Texte zu veröffentlichen, nahm ich das Angebot gerne an. Ich bin seit einem Jahr pensioniert und habe durchaus das Bedürfnis, einige Gottesdienste, Gebete und Gedanken der letzten Jahre einem grösseren Kreis von Lesern zugänglich zu machen.

Zwischen die eigenen Beiträge habe ich zur Auflockerung passende Texte anderer Autoren eingefügt, auch weil ich in meiner praktischen Arbeit immer wieder solche „Highlights“ verwendet habe. Dabei handelt es sich in der Regel um ältere Texte, da sich in meiner persönlichen Bibliothek vor allem solche befinden. Zudem waren Autorenrechte zu beachten.

In einer Zeit, da – jedenfalls in meiner evangelisch-reformierten Kirche – die Liturgien fast gänzlich ausser Gebrauch gekommen sind, fand ich es immer gut, auch Texte von Berufeneren in den Gottesdiensten einzubauen.

Trauerfeiern sind wie auch Trauungen ebenfalls Gottesdienste. Daher beschränkt sich diese bunte Auswahl nicht auf Sonntagsgottesdienste rsp. Sonntagspredigten. Im Gegenteil. Solche Gottesdienste bilden eine besondere Möglichkeit, das Volk mit dem Evangelium zu erreichen.

Die Gottesdienste und Predigten wurden ausschliesslich berndeutsch, also im Dialekt gehalten. Man wird dies bei der Lektüre gelegentlich merken, wie auch das gesprochene Wort da und dort durchschimmert.

Die Verwendung eines Anmerkungsapparates mag befremdlich erscheinen. Andere veröffentlichten Predigten kennen ein solches Vorgehen oftmals nicht. Für mich gehört aber ein Gottesdienst oder eine Predigt in eine bestimmte Situation, die oft nicht im Textteil erläutert werden kann. Zudem gilt auch für die Gottesdienste im Fall einer Veröffentlichung aus meiner Sicht in der Regel die Pflicht zu Quellenangaben. Ausnahmen sind auch für mich Artikel in Zeitungen.

Wer mit den Anmerkungen Mühe hat, soll die Texte doch ohne Beachtung der Fussnoten in einem Zug lesen.

Wo es mir sinnvoll schien, fasste ich die Literaturangaben am Schluss eines Kapitels zusammen.

Für Bibelzitate verwendete ich je nach Situation und Entstehungsdatum meistens die Zürcher Bibel von 1993, die neue Zürcher Bibel von 2007 oder – in seltenen Fällen – die Gute Nachricht von 1982.

Während die meisten Zwischentexte von namhaften Autoren Gott in kleinen Buchstaben anreden (du, dir, dich), pflege ich in meinen Gebeten die Anrede Du, Dir, Dich.

Meiner Frau danke ich für die unterstützende Begleitung der Redaktionsarbeit und das Mitlesen des Manuskripts.

Worb, im Herbst 2014 Alfred Zimmermann

Wie kann Gott Hunger und Krieg zulassen?

Biblische Besinnung zu Mk 8,10-13[1]

Und alsbald stieg er mit seinen Jüngern ins Schiff und kam in die Gegend von Dalmanutha. Und die Pharisäer gingen hinaus und fingen an, mit ihm zu verhandeln, indem sie von ihm ein Zeichen vom Himmel begehrten, um ihn zu versuchen. Da seufzte er in seinem Geiste auf und sprach: ***Warum begehrt dieses Geschlecht ein Zeichen?*** *Amen, ich sage euch: Diesem Geschlecht wird kein Zeichen gegeben werden. Und er verliess sie, stieg wieder ein und fuhr ans jenseitige Ufer.* (Mk 8, 10-13)

Mit der Erregung eines Propheten, der sich anschickt, eine unbequeme Wahrheit schonungslos auszusprechen, seufzt Jesus über den Unglauben der Pharisäer. Denn diese fordern ein beglaubigendes „Zeichen vom Himmel". Dieses soll entweder jeden Zweifel an seiner göttlichen Legitimation zerstreuen oder ihn allenfalls als falschen Messias entlarven. Die Zustimmung zu seiner Botschaft soll also von einem sichtbaren Beweis, einem „kosmischen Wunder apokalyptischer Art" (Eduard Schweizer)[2] abhängig gemacht werden. Ein armseliger Glaube, welcher derart ratlos ist und abwarten muss, bis

---

[1] Erstmals veröffentlicht in: Zeitschrift für Mission XVIII/4 (1992), S. 194-197. Damals rief das Hilfswerk der Evangelischen Kirchen HEKS in der Schweiz zu ernsthafter Fürbitte auf: „Jugoslawien-Drama und Hunger in Afrika". Heute, zur Zeit der Kriege im Nahen Osten und in der Ukraine sowie grossem Hunger zum Beispiel im Südsudan ist diese Besinnung nach wie vor sehr aktuell. Sie wurde für die erneute Veröffentlichung aktualisiert. Der ursprüngliche Text geht auf eine Predigt vom 6.9.1992 zurück, gehalten in der Evangelisch-reformierten Kirche Worb.

[2] Das Evangelium nach Markus, S. 89.

Gott aus einer unendlichen Ferne eingreift, indem sich zum Beispiel „die Sonne in Finsternis wandeln (wird) und der Mond in Blut, ehe der grosse und furchtbare Tag des Herrn kommt“ (Joel 2,31)! So kann im Hier und Jetzt kaum Vertrauen gefasst werden. Es steht nicht nur ein Aspekt des Glaubens auf dem Spiel, sondern sein Wesen selbst. Der Glaube bedeutet Wagnis, nicht Garantie. Er beruht auf Begegnung, nicht auf Beweisen. Er beinhaltet die freie Tat, nicht die lähmende Kenntnisnahme objektiver Sachzwänge. Mit anderen Worten: Es geht um die Mündigkeit des Glaubens, die allein zu befreiendem Handeln führt.

Dass diese Fragestellung nach wie vor aktuell ist, bedarf nicht vieler Worte. Auf der einen Seite suchen fundamentalistische Kreise den Glauben auf zweifelsfreie dogmatische Grundlagen zu stellen und drehen sich dabei nur um sich selbst und ihren eigenen Kreis. Was dabei nicht selten zu beobachten ist, ist die Infantilität solchen Glaubens. Auf der anderen Seite fragen der Kirche Entfremdete nach dem handelnden Gott, ob Beweisbares über ihn beizubringen sei. Auch hier ist der Glaube eigentlich in den Kinderschuhen steckengeblieben. Es gehört zum modernen Menschen, dass für ihn nur das Sichtbare, Erfahrbare, Messbare zählt. Innere Werte gehen dabei oft verloren.

Verurteilen wir sie nicht, die Pharisäer, die nach Mk 8,11 ein „Zeichen vom Himmel“ verlangen. „Dass sie es in feindlicher Absicht tun, ist nicht gesagt; so kann erst im Gefälle ntl. Pharisäerpolemik interpretiert werden, vielleicht auch von der Antwort Jesu her.“ (Rudolf

Pesch).[3] Anteile der so fragenden Pharisäer schlummern im Menschen auch heute. Pharisäer sind nicht immer nur die andern. In den Evangelien stellen sie einen Menschentypus dar, der eine tiefsitzende innere Ratlosigkeit repräsentiert, die nach aussen hin allerdings kaum zugestanden und zugegeben wird. Gerade als Menschen des 21. Jahrhunderts fordern auch wir – so säkular wir uns geben – auf unsere Art oft „Zeichen vom Himmel".

Wer ist ob den Berichten und Bildern aus Syrien, dem Gazastreifen, dem Irak, der Ukraine oder dem Südsudan nicht geneigt, seine Gedanken zum Himmel zu richten und zu fragen: Wie kann Gott solches Leid mit seinen Schrecken dulden? Müsste er nicht als der allmächtige Richter der kirchlichen Tradition mit „Feuer und Rauchqualm vom Himmel her" allem Hass, aller Agression, ein gewaltsames Ende setzen? Denn unschuldige Menschen, welche Krieg nie gewollt haben, befinden sich mitten im Feuerhagel. Selbst Spitäler bleiben nicht verschont. Sogar die Grundversorgung der Zivilbevölkerung mit Trinkwasser kann erklärtes Ziel militärischer Agression sein. Sarajewo, einst umjubelte Olympiastadt, versank im Balkankrieg in Schutt und Asche. Auf dem Land werden Menschen auch heute systematisch vertrieben. Millionen von Flüchtlingen wären dringend auf wintersichere Unterkünfte angewiesen. Wenn man diese Schrecken des Krieges vor Augen hat, denkt man noch bald einmal: Wo bleibt die höchste Gerechtigkeit? Warum scheint Gott zu solchem Unrecht zu schweigen? Rufen die einen nach militärisch

[3] Das Markusevangelium, 1. Teil, S. 407f.

durchsetzbarem internationalem Recht, so fragen sich die andern in ihrer Ohnmacht, warum nicht der Himmel selbst eingreift und Ordnung schafft: „Zeichen vom Himmel".

Nicht anders ergeht es uns ob den schrecklichen Dürre- und Hungerkatastrophen, die immer wieder afrikanische Länder heimsuchen. Zum Beispiel Somalia 1992. Eine unbekannte Anzahl von Menschen waren bereits verhungert. Millionen Menschen standen vor dem Hungertod. Eindrücklich, wie zum Beispiel die USA grosszügige Nahrungmittelhilfe leisteten. Indessen hatten sie dem somalischen Machthaber, der am 27. Januar 1991 in Mogadiscio gestürzt wurde, in den Achziger Jahren ca. 20 Milliarden Dollar Militär-„Hilfe" geleistet, so dass die Munitionsvorräte der sich noch heute gegenüberstehenden Rebellenclans für ganze 20 Jahre gereicht haben sollen. Wenn wir in unseren westeuropäischen Fauteuils die Bilder der verhungernden Kinder und Mütter sehen, schreit es in uns wiederum zum Himmel: Warum dieses Leid? Gibt es nicht Nahrung genug auf dieser Erde? O Gott, wenn es dich gibt, wenn du allmächtig bist, warum greifst du nicht ein? Das heisst: Wir sehnen uns auf unsere Weise nach einem „Zeichen vom Himmel".

Wir übersehen dabei, dass wir die Verantwortung für das menschliche Handeln bei solchem Fragen und Beten auf einen der Tradition entnommenen Gott abwälzen, der mit dem Vater Jesu Christi kaum noch etwas gemeinsam hat. Denn im Kreuz Jesu wird das Gericht über alle menschliche Gier und Gleichgültigkeit in einer ganz anderen Weise vollzogen, als es sich der religiöse Mensch aller Zeiten vorstellen konnte. Dietrich Bonhoeffer postulierte aus seiner Todeszelle: „Der Gott, der mit uns ist, ist der Gott, der uns verlässt (Markus 15,34)! Der Gott, der uns in der Welt leben lässt ohne die Arbeitshypothese Gott, ist der Gott, vor dem wir dauernd stehen. Vor und mit Gott leben wir ohne Gott. *Gott lässt sich aus der Welt herausdrängen ans Kreuz, Gott ist ohnmächtig und schwach in der Welt und gerade so ist er bei uns und hilft uns…Christus (hilft) nicht kraft seiner Allmacht, sondern kraft seiner Schwachheit, seines Leidens.“*[4] (Hervorhebung von mir.)

Ein „Zeichen vom Himmel“ kann es somit nicht geben. Wir können nicht an den Himmel delegieren, was wir auf Erden einer dem andern schuldig sind. Ich kann die Verantwortlichkeit des Menschen vor Gott nicht in einem schnellen Verzweiflungsruf auf die höhere Macht abwälzen, nach dem Motto „O wüsst ich den Weg zurück, den weiten Weg ins Kinderland.“[5] Es gibt nur den Weg vorwärts, und das ist die Erkenntnis, dass der Mensch in seinem Tun und Lassen eigenverantwortlich ist. Gott entmündigt den Menschen nicht, indem er ihm die Entscheidungen in Notsituationen abnimmt. Auch ich kann mich in Freiheit entscheiden, wie ich mich angesichts des Leids, das mir täglich begegnet, verhalte, und ich mir selbst und meinem Gott dabei treu bleibe. Nur schon die klare Haltung vieler Menschen eines Volkes kann unter Umständen Wunder wirken, geschweige denn tätige Solidarität mit den Leidenden.

---

[4] Widerstand und Ergebung, Brief vom 16.7.1944, Kaiser Taschenbuch 100, S. 191f.
[5] Bonhoeffer aaO S. 191.

Jesus seufzt über den Unglauben seiner Diskussionspartner, die sich auf fromme Art um die Entscheidung drücken. In der Form einer feierlichen Beteuerung, ja einer prophetischen Beschwörung, sagt er: „Amen, ich sage euch: Diesem Geschlecht wird kein Zeichen gegeben." (V. 11) Dadurch „weitet (er) den Kreis der pharisäischen Adressaten aus ... und meint das lebende Geschlecht in seiner sich dem Anspruch Gottes verweigernden Haltung des Ungehorsams und der Verstocktheit. [Jer. 8,3]" (Joachim Gnilka)[6] Gott kann sicher auch heute keine Freude daran haben, wie wir öfters als einzelne Menschen und immer wieder als Völker und ganze Kontinente[7] miteinander umgehen.

Zum Schluss noch ein Hinweis auf eine Begebenheit von symbolischer Bedeutung, der unsere Gedanken zusammenfasst. In Münster/ Westfalen wurde während des 2. Weltkriegs durch schwere Bombardierungen auch das grosse, hölzerne Kruzifix im Innern der Kirche St. Ludgeri in starke Mitleidenschaft gezogen. Während der Leib und die Beine des Corpus noch einigermassen intakt blieben, waren die ausgebreiteten Arme Jesu gänzlich zerstört. Die überlebende Gemeinde hing ihren verstümmelten Kruzifixus nun wiederum an einem Kreuz an die Wand und liess anstelle der ausgebreiteten Arme Jesu mit grossen Lettern auf den Querbalken schreiben: WIR HABEN KEINE ANDEREN HÄNDE ALS DIE EUREN.[8 9]

---

[6] Das Evangelium nach Markus II/1, S. 307.
[7] vgl. Luc Ciompi/Elke Endert, Gefühle machen Geschichte.
[8] Ignatianische Spiritualität. Ein Briefkurs, 1992, S. 1 und 9.

Literatur:

Eduard Schweizer, Das Evangelium nach Markus. Das Neue Testament Deutsch NTD, Vandenhoek&Ruprecht, Göttingen 1973

Rudolf Pesch, Das Markusevangelium, 1. Teil, Herders theologischer Kommentar zum Neuen Testament HThK, 2. Aufl., Herder Verlag, Freiburg/Basel/ Wien 1977

Dietrich Bonhoeffer, Widerstand und Ergebung (hrsg. von Eberhard Bethge), Kaiser TB 100, Chr. Kaiser Gütersloh, 15. Aufl. 1994

Joachim Gnilka, Das Evangelium nach Markus, Evangelisch-katholischer Kommentar zum Neuen Testament EKK, 1. Teil, (Benziger)/Neukirchener Verlag Neukirchen-Vluyn 1978

Luc Ciompi/Elke Endert, Gefühle machen Geschichte. Die Wirkung kollektiver Emotionen von Hitler bis Obama, Vandenhoeck&Ruprecht, Göttingen 2011

---

[9] Vgl. dazu die Worte unter barocken Kreuzigungsdarstellungen im katholischen deutschen Raum: „Das tat ich für dich. Was tust du für mich?“

Gret Haller: Längst besteht die Einsicht

Eine politische Meditation[10]

Längst besteht die Einsicht,
was zu tun ist,
wenn Gerechtigkeit
und Frieden
einkehren sollen,
wenn die Schöpfung
bewahrt werden soll.
Und die Zeit drängt.

Gerechtigkeit
kehrt ein,
wenn die Menschen im Norden
den Menschen im Süden
keinen künstlichen Tod
mehr bringen,
nicht durch Handel,
nicht durch Ressourcenraub,
nicht durch Krieg.

---

[10] Gret Haller, Eine politische Meditation zu Gerechtigkeit Frieden Bewahrung der Schöpfung, Zytglogge Verlag, Bern 1991, S. 29-31.

Gerechtigkeit
kehrt ein,
wenn das Mass aller Dinge
nicht mehr
in sinnloser Produktion,
in tödlicher Verschwendung
besteht,
sondern in der Hinwendung
zum Menschen,
zu seinen natürlichen Bedürfnissen,
und in der Hinwendung
zur Natur.

Frieden
kehrt ein,
wenn die tödliche
Produktion von Waffen
aufhört,
wenn der tödliche
Handel mit Waffen
aufhört,
wenn das tödliche
Üben mit Waffen
aufhört.

Frieden kehrt ein,
wenn Menschen
keine Gewalt anwenden,
nicht im Grossen
zwischen den Völkern,
nicht im Kleinen,
zwischen den Menschen,
nicht zwischen Mann
und Frau und Kind.

Die Schöpfung
wird bewahrt,
wenn die Menschen
der Natur
keinen künstlichen Tod
mehr bringen.

Die Schöpfung
wird bewahrt,
wenn die Menschen
mit dem lebendigen Leben
auch den natürlichen Tod
annehmen,
und damit das Leben.

Der Beschluss der Engel

Erzählung zu Lk 2,10-14 (Christnacht)

Die oberste Versammlung der Engel beriet, wer von den Menschen beauftragt werden sollte, als erste das Weihnachtswunder zu verkünden.

Erzengel Michael sprach vor der gesamten Heerschar der Engel zu Gabriel: „Du hast Maria so zart bereitet, dass sie nach göttlichem Plan schwanger werde. Und sie nahm ihre Mission unter den Menschen so gerne an.“ Gabriel fuhr weiter und meinte: „Ja, ja, und Joseph haben wir klar zu verstehen gegeben, dass er Maria nicht verlassen darf!“ „Mit Träumen und Visionen lässt sich viel machen,“ spann der dritte Erzengel, Raphael, vor der ganzen Versammlung den Faden weiter. „So werden die Menschen weich und machen, was wir Engel zu ihnen sagen.“

„Aber nun, da das Kind diese Nacht geboren wurde, wie sorgen wir dafür, liebe Engel, dass die heilige Geburt nun auch weitherum bekannt wird und nicht nur wir Himmlischen Gott rühmen, nein, dass möglichst viele sterbliche Menschen das Kind anbeten und Gott loben, weil ER seinen einzigen Sohn auf die Erde gesandt hat? Wer hat eine Idee?“ So hatte Michael wieder das Wort ergriffen. Man sah es ihm an, es war ihm ein tiefer Wunsch, dass nicht nur im Himmel, sondern auch auf Erden Gott über alle Massen gepriesen werde.

Ein Raunen ging durch die Reihen der Engel. Die Versammlung war sehr gross. Dann wurden alle ganz still und warteten, wie die Erzengel diese Frage wohl lösen würden. Michael aber sagte zur himmlischen Heerschar: „Redet mal unter euch, was ihr denkt!“ Und die vielen Engel diskutierten und überlegten, erwogen für und wider, wer als menschliche Werkzeuge in Frage kommen könnte, als erste das Wunder in den Stall schauen zu gehen und dann der ganzen Welt zu verkünden, was sie gesehen hätten.

Da wagte sich ein erster Engel nach vorn und sagte: „Ich denke, es müssten Leute vom Königshof sein. Es ist von der Hauptstadt, wo der König seinen Palast hat, bis nach Bethlehem nicht weit. Wenn etwa der Mundschenk, der Kämmerer und der Hofschreiber kämen, dann könnten die's den andern am Hof erzählen, und bald wüsste es das ganze Volk. Und der König selbst wäre als einer der ersten im Bild. Dann würde sein Herz weich werden und er würde aufhören, das Volk mit Gewalt zu unterdrücken.“

„Ja, ja“, sagte darauf ein anderer Engel. „Ist es nicht Aufgabe von uns Engeln, Friede und Gerechtigkeit zu bringen, wo Gewalt regiert? Wir sollten mit Engelsgewalt in die Zentren der Macht eindringen und die Herrscher für die Weihnachtsbotschaft gewinnen. Dann wäre bald nicht nur Jerusalem für den Frieden eingenommen, die nächste Stadt wäre Rom. Kaiser Augustus selbst würde hören, was in dieser Nacht in Bethlehem geschehen ist, jetzt, da die Volkszählung in vollem Gange ist, jetzt, da Quirinius als Statthalter Syrien mit starker Hand regiert.“

Dies hingegen passte dem Erzengel Michael nicht. Er wusste aus eigener Erfahrung, dass es kein Kinderspiel ist, gegen so viel Böses anzukämpfen. Er sagte: „Hmm, denkt daran, dieses Kind des Friedens ist noch klein und zart. Ihr könnt den Frieden auf Erden nicht erzwingen. Er muss wachsen wie ein Körnlein Senf, wie ein zerbrechliches Kind wächst und gedeiht. Der Friede braucht Menschen, die bereit sind dafür. Machtmenschen wie Herodes oder Augustus haben andere Träume."

Da kamen zwei besonders fromme Engel nach vorn. Der eine sagte: „Liebe Engel, wir haben eine gute Idee. Wir möchten, dass Priester und Leviten vom Tempel, wo der allmächtige und heilige Gott den Saum seines Mantels herabfallen lässt, zum Kind kommen, um dort Psalmen zu lesen und Harfe zu spielen. Vielleicht auch mit Hörnern und Trompeten. Und wenn diese dann zurückkehren in den Tempel und allen, die da Opfer bringen, davon erzählen, wird das ganze Volk hören, dass in der Stadt Davids der Heiland, der Messias, geboren ist."

Der zweite unterstützte den ersten und sprach: „Ja, dann können alle hören, wie Gott ihre Opfer gesehen hat und ER allen die Sünden vergibt, die seine Botschaft annehmen. Sie besuchen den Tempel dann umso fleissiger und umso lieber, weil sie wissen, dass der Messias, der Herr, gekommen ist. Und die Priester und Leviten verrichten ihren Dienst wieder gern. Auch wir Engel könnten uns nur mächtig freuen."

Das gefiel aber Gabriel nicht. Er durfte im Traum das stille Kämmerlein eines einfachen Mädchens besuchen, welches zu Hause die gewöhnlichste Arbeit verrichtete und dabei die schönsten

Loblieder sang. Er durfte Joseph besuchen, welcher eben mit Axt und Säge an einigen Balken zimmerte. Dieser arbeitete tagein und tagaus in seiner Werkstatt und war gerade so Gott am nächsten. Diese zwei, Maria und Joseph, hatten ein offenes Ohr und ein offenes Herz, auf ihre Träume zu achten. Aber die Priester und Leviten am Tempel? Die waren verschlossen für Engelsbesuch.

Die Erzengel Michael, Gabriel und Raphael, welche die Menschen kennen, winkten einer nach dem anderen ab, so sehr bei einem Haar fast die ganze Engelschar für die Priester und Leviten gestimmt hätte. Diese oberen, erfahrenen Engel beurteilen die Menschen nicht nach ihrer religiösen Aktivität. Sie schauen, ob wir Sterblichen offen für einen Besuch eines Engels sind, für leise oder starke Träume in der Nacht und für Zeichen am Tag. Es gelang ihnen, die Engel davon abzubringen, Priester und Leviten in den Stall von Bethlehem zu senden.

Da kam ein besonders junger Engel, der gerade erst in den Himmel gekommen war, ans Rednerpult. Er war auf Erden vor kurzem auch in einem Stall gewesen. Dieser Stall lag neben jenem, wo Maria und Joseph übernachteten, weil sie in der Herberge keinen Platz gefunden hatten. Er war der Knabe von Hirten, wurde aber schon als Kind todkrank, und eben als der Ansturm der Volkszählung am grössten und seine Krankheit am schlimmsten war, wollte auch für ihn und seine Familie niemand Platz haben, dass er in einer warmen Stube hätte sterben können. Darum verschied er draussen im Stall.

Wie freute er sich, als er im Himmel hörte, dass im Stall nebenan noch in dieser Nacht der Retter geboren sei. Das gab ihm nun den Mut, vor allen andern Engeln nach vorne zu gehen und vorzuschlagen: „Senden wir doch Hirten! Die können noch auf Engel hören! Sie reden mit den Tieren, zählen die Sterne in der Nacht und lassen sich ein auf die ewige Welt. Sie kommen sicher gerne in einen Stall. Die Priester und Leviten wären draussen geblieben, Herodes hätte Soldaten geschickt. Aber die Hirten, die kommen gern. Sie werden Weihnachten gemeinem Volk verkünden, gibt es doch viel mehr einfache Leute als hohe Herren."

Schlug das ein! Von allen Seiten kamen Wortmeldungen. „Ja, warum nicht zuerst die nächsten Nachbarn schicken?" - „Die passen zur heiligen Familie!" - „So einfach wie die Geburt des kleinen Jesus, so einfach sind die Hirten!" - „Man kann die Geburt des Gottessohns auch zu stark verbreiten, Maria und Joseph brauchen noch ihre Ruhe!" - „Ja, die Hirten haben noch einen Sinn für uns Engel. Die werden schon gehen!" - „Ha, und diese brauchen mal so ein schönes Erlebnis, diese rauhen Gesellen am Rande der Wüste, am Rand der Gesellschaft!"

„Die meinen nicht, sie seien mehr als andere," fasste der Erzengel Michael die Beratung zusammen. „Die sind eben mit allen Wassern gewaschen, haben viel erlebt, bis sie da draussen Hirten wurden. Besser so, als dass sie in den Städten als Bettler ihr Leben fristen. Sie werden aber bestimmt nicht die gleichen bleiben. Ihre Sprache wird anders werden. Sie hören auf, einander Schafe zu stehlen, beim

Handel zu betrügen, in der Wüste Kaufleute zu überfallen. Sie werden nicht schweigen, wenn sie mit ihren Herden in die Dörfer kommen. Das Licht von Weihnachten wird nie und nimmer aus ihren Herzen gehen."

So beschlossen die Engel einmütig, dass zuerst einer alleine, dann alle miteinander auf dem Feld vor Bethlehem den Hirten erscheinen sollten. Der erste sollte sagen: *„Fürchtet euch nicht! Denn siehe, ich verkündige euch grosse Freude, die allem Volke widerfahren wird; denn euch ist heute der Heiland geboren, welcher der Christus ist, der Herr, in der Stadt Davids."* Dann sollten alle in mächtigem Chor jubeln und singen: *„Ehre sei Gott in der Höhe und Friede auf Erden unter den Menschen, an denen Gott Wohlgefallen hat."*

Der Himmel ist in dir[11]

Angelus Silesius

Wird Christus tausendmal zu Bethlehem geboren
Und nicht in dir, du bleibst noch ewiglich verloren.[12]

Da Gott das erste Mal hat seinen Sohn geborn,
Da hat er mich und dich zum Kindbett auserkorn.[13]

Mensch, werd aus Gott geborn: bei seiner Gottheit Thron
Steht niemand anders als der eingeborne Sohn.[14]

O Unbegreiflichkeit! Gott hat sich selbst verlorn.
Drum will er wiederum in mir sein neugeborn.[15]

O hohe Würdigung! Gott springt von seinem Thron
Und setzet mich darauf in seinem lieben Sohn.[16]

Ach Elend, unser Gott muss in dem Stalle sein!
Räum aus, mein Kind, dein Herz, und gibs ihm eilends ein.[17]

---

[11] Angelus Silesius, Der cherubinische Wandersmann in: Gerhard Wehr, Angelus Silesius, Textauswahl und Kommentar, marixverlag Wiesbaden 2011. S. 42 Nr. 82: Halt an, wo läufst du hin, der Himmel ist in dir;
Suchst du Gott anderswo, du fehlst ihn für und für.

[12] aaO S. 40, Nr. 61.

[13] aaO S. 52, Nr. 151.

[14] aaO S. 49, Nr. 135.

[15] aaO S. 59, Nr. 201.

[16] aaO S. 59, Nr. 202.

[17] aaO S. 85, Nr. 31.

Ein Kind erneuert die Welt

Weihnachtsgottesdienst mit Taufe von Amélie Julie Noelle Neuhaus[18]

Eingangswort

Als aber die Güte und Menschenfreundlichkeit Gottes, unseres Retters, erschien, weil er Erbarmung hatte mit uns, da rettete er uns durch das Bad der Wiedergeburt... (aus Tit 3,4-5)

Taufmeditation

Wir Menschen sind seit je, (biblisch ausgedrückt) seit Adam und Eva, fehlbar. Wir häufen neben Schönem und Gutem viel Schuld an und sind darum vor Gott und den Menschen auf Vergebung angewiesen. Wir brauchen das reinigende Wasser der Taufe, welches uns mit Gott ins Reine bringt durch seinen Sohn Jesus Christus, der für die Schuld der Welt am Kreuz gestorben ist. Die *äussere Taufe* mit Wasser stellt für uns Reformierte allerdings nicht das Wesentlichste dar. Die *Taufe am inneren Menschen*, eine neue Geburt, soll später im Leben des Kindes seine Beziehung zu Gott prägen. Die Taufe eines Kindes gilt nach Zwingli deshalb als ein *Zeichen* für diese Taufe.

[18] Aus dem Weihnachtsgottesdienst vom 25.12.2011 in der Evangelisch-reformierten Kirche Worb.

Symbolhandlung

Die Patin entzündet an der Osterkerze eine Taufkerze, der Pate geht durch die ganze Kirche, um einen Holzwürfel, an welchem eine Foto des Kindes angebracht ist, an den dort aufgerichteten Taufbaum zu stecken. Dazu die Worte:

Christus spricht: Ich bin das Licht der Welt. Wer mir folgt, wird nicht in der Finsternis umhergehen, sondern das Licht des Lebens haben. (Joh 8,12)

Lebt als Kinder des Lichts – das Licht bringt nichts als Güte, Gerechtigkeit und Wahrheit hervor! (Eph 5,8f)

Verpflichtung der Eltern

Liebe Eltern,
Ihnen ist dieses Kind
anvertraut worden von Gott,
unserem Schöpfer.
Sie haben für und mit ihm
die ersten grossen Sorgen
und die erste grosse Freude erlebt.

Liebe Taufzeugen,
Sie stehen zu den Eltern
in einem persönlichen Verhältnis.
Sie sind bereit, einen Dienst zu leisten,
der über das übliche Verhältnis
unter Geschwistern und Freunden
noch hinausgeht.
Sie wollen zu Ihrem Patenkind

eine Beziehung aufbauen,
dass es auch neben seinen Eltern
einen Ort hat, wo es hingehen kann.[19]

Liebe Eltern, liebe Taufzeugen,
haben Sie sich also entschlossen,
Amélie Julie Noelle mit Rat und Beispiel
auf dem guten Wege zu helfen –
wollen Sie sie im Sinn und Geist
von Jesus Christus erziehen –
wollen Sie ihr Ihre Liebe
auch dann bewahren,
wenn sie einmal
ihre eigenen Wege geht,
dann sagen Sie „ja"...

Taufhandlung

Taufsegen

Fürchte dich nicht, denn ich bin bei dir! Ich habe dich bei deinem Namen gerufen, du gehörst zu mir. (aus Jes. 43,5/43,1)[20] Amen.

---

[19] Wie im Taufgespräch besprochen: auch gleichnishaft zu verstehen.
[20] Diesen Taufspruch hat die Patin für das Kind eigens ausgesucht.

Gebet

Guter Gott,

da sind wir zusammen,
um Weihnachten zu feiern.
Wir spüren: Du liebst uns,
wie immer es uns geht.
Was uns glücklich stimmt,
was uns plagt und müht:
wir hören die Botschaft Deiner
ewigen Liebe und Treue
zu Deinen fehlbaren Menschen.

Wir danken Dir für Amélie Julie Noelle,
dass Du sie ihren Eltern, den Familien,
geschenkt hast als Sonnenschein,
dass sie in der Taufe heute
ein starkes Zeichen
Deiner Liebe bekam,
die sie begleiten soll.

Wir bitten für ihre Zukunft
um Glück und Segen,
Gesundheit und zunehmende Kraft,
und wir bitten um Dein Dasein
in diesem Gottesdienst. Amen.

Lesung Lk 2, 8-20

Und es waren Hirten in jener Gegend auf freiem Feld und hielten in der Nacht Wache bei ihrer Herde. Und ein Engel des Herrn trat zu ihnen, und der Glanz des Herrn umleuchtete sie, und sie fürchteten sich sehr. Da sagte der Engel zu ihnen: Fürchtet euch nicht! Denn seht, ich verkündige euch grosse Freude, die allem Volk widerfahren wird: Euch wurde heute der Retter geboren, der Gesalbte, der Herr, in der Stadt Davids. Und dies sei euch das Zeichen: Ihr werdet ein neugeborenes Kind finden, das in Windeln gewickelt ist und in einer Futterkrippe liegt. Und auf einmal war bei dem Engel die ganze himmlische Heerschar, die lobten Gott und sprachen:

Ehre sei Gott in der Höhe
und Friede auf Erden
unter den Menschen seines Wohlgefallens.

Und es geschah, als die Engel von ihnen weggegangen waren, in den Himmel zurück, dass die Hirten zueinander sagten: Lasst uns nach Bethlehem gehen und die Geschichte sehen, die der Herr uns kundgetan hat! Und sie gingen eilends und fanden Maria und Josef und das neugeborene Kind, das in der Futterkrippe lag. Und als sie es sahen, taten sie das Wort kund, das ihnen über dieses Kind gesagt worden war. Und alle, die es hörten, staunten über das, was ihnen von den Hirten gesagt wurde. Maria aber behielt alle diese Worte und bewegte sie in ihrem Herzen. Und die Hirten kehrten zurück und priesen und lobten Gott für alles, was sie gehört und gesehen hatten, so wie es ihnen gesagt worden war.

Weihnachtspredigt zu Lk 2,16

Die Hirten fanden Maria und Josef und das neugeborene Kind, das in der Futterkrippe lag. (Luk 2,16)

Liebe Gemeinde,
die Mitte und das Ziel der Weihnachtsgeschichte ist heute für uns dieses Kind.
Ein Kind, wie jedes Kind, und doch ganz anders! Es verändert die Welt noch anders, als es bei einem gewöhnlichen Kind der Fall ist, da die Welt einer Mutter, eines Vaters, einer Familie bis hin zu den Grosseltern durch die Geburt anders wird.

Eine Szene wird uns hier vor Augen geführt, die weltweit immer wieder gespielt wird (zum Beispiel in Afrika)[21], die oft von berühmten Malern dargestellt wurde (denken wir an die alten niederländischen Meister)[22], die auch zu tiefem Mitgefühl führte, zum Beispiel bei Dostojewski[23] in Russland mit verlumpten Kindern draussen in beissender Kälte vor den Türen der Reichen, welche ohne Rücksicht auf die Armen in geradezu unanständigem Prunk ihre Feste feierten.

Wir schmücken die Szene vom Kind im Stall auch mit Liedern von Engeln, verzieren sie mit wohlklingenden Gedichten von Hirten,

---

[21] Befreundete kirchliche Entwicklungshelfer haben mir in Rundbriefen davon eindrücklich berichtet.
[22] Z.B. „Anbetung der Hirten“ von Gerard van Honthorst (1622) in: Erhard Gass (Hrsg.), Geburt Jesu S. 72f und passim.
[23] S. z.B. Der Christbaum der armen Kinder, in: Die schönsten Weihnachtsgeschichten der Welt, 1978, S. 259-263.

beschenken uns zu Weihnachten, wie nach der Erzählung des Matthäus die Weisen aus dem Morgenland von weit her kamen und dem Jesuskind Gaben dargebracht haben.

Manchem Zeitgenossen verschlägt es ob dem Weihnachtskult bereits den Atem, nicht wenige buchen ein Hotelzimmer in einem Skigebiet oder verreisen in die Karibik, wenn sie diesem Familiendrama nur entrinnen können. Tatsache ist, dass der Mythos vom göttlichen Kind, vom Jesuskind, da Gott selber auf die Erde kam, um uns Menschen zu erlösen, die Welt anfing zu verändern. Ich möchte meinen, liebe Gemeinde, dass Weihnachten durch die Jahrhunderte hindurch und über die Kontinente hinweg den Menschen unter anderem zeigt, wie heilig, wie unantastbar, wie unendlich kostbar ein Kind und damit der Mensch als solcher ist. Denn der Mensch wird in höchstem Mass gewürdigt, wenn Gott selber dessen Gestalt, seine Art annimmt, und erst noch in einem Kind.

Am vergangenen 13. Oktober wurde ein zweijähriges Kind in einer südchinesischen Stadt vor dem Laden seiner Eltern von zwei Lieferwagen zwei Mal (!) überfahren. Beide Lenker fuhren einfach weiter, das Kind blieb schwerverletzt liegen und starb eine Woche später im Spital. Eine Überwachungskamera filmte zufälligerweise das Unglück und auch, was danach passierte. 18 Leute gingen in der engen Geschäftsstrasse an diesem schwerstverletzten Kind vorbei, bis nach 7 Minuten eine Müllarbeiterin es unbeholfen auflas. Das Video wurde öffentlich und setzte eine lebhafte Debatte in Gang über Werte, Moral, Gewissen und Rechtsprechung in der modernen chinesischen

Gesellschaft. Viele fanden, der neue Materialismus, der neue Wirtschaftsboom sei verantwortlich für diesen Wertezerfall und derart egoistisches Verhalten. Auch unsere Medien berichteten.

Mir aber kam der Gedanke: Fehlte diesen Leuten nicht die Hochachtung vor dem Kind als solchem? Vor dem Menschen überhaupt, wie wir sie uns jede Weihnacht neu vergewissern? So sehr unsere Weihnachten manchmal bereits als ein „Kult" empfunden wird und zunehmend Mitmenschen damit auch ihre Mühe haben?

Weihnachten wurde trotz allen Einwänden zum Trotz ein Impuls in der abendländischen Welt, das Kind immer wieder zu feiern, auch Maria, die Mutter (auch wenn dies in katholischen Gebieten mehr als in evangelischen der Fall ist). C.G. Jung meinte, wir Protestanten könnten in dieser Hinsicht von den Katholiken nur lernen, weil das Mütterliche, das Feminine zum Glauben genauso gehört wie der Vater, der Sohn, der Herr.[24]

Ich lud Sie ein unter dem Thema: „Ein Kind erneuert die Welt." Das ist bei jedem Kind der Fall, das ist – so glaube ich – aber gerade bei Jesus in ganz besonderem Mass der Fall: für die ganze westliche Welt, Religion, Kultur, nachwirkend bis heute, stark hineinwirkend auch in die sog. Dritte Welt. Jesus Christus erneuerte die Menschen und ihre Welt immer wieder neu.

[24] C.G. Jung, Antwort auf Hiob, Kap. 19 (unsere Ausgabe, s. Literaturverzeichnis) S. 105-109. Alfred F. Zimmermann, Das Dunkle im Gottesbild bei C.G. Jung, S. 94-96.

Es wäre schade, wir würden diese Wurzel dem Wohlstand, dem Egoismus, dem reinen Materialismus opfern. Besser ist die Spur der Mystiker, die staunen, wie das Jesuskind in uns selber geboren, grösser und reifer werden kann und damit auch unsere Umgebung verändert wird.[25] Amen.

Gebet nach der Predigt[26]

Menschenfreundlicher Gott!
Wenn wir an Jesus denken,
kommt uns ein Leben vor Augen,
wie es kein Mensch intensiver leben kann.
Seine Geburt geschah in der Einfachheit
einer provisorischen Unterkunft.
Die Freude darüber war gross,
vor allem bei den Menschen am Rande.

Als er öffentlich auftrat,
liess er sich auf alle Menschen verbindlich ein:
Er rief Jüngerinnen und Jünger in seine Nähe.
Er liess keine Knechte und Herren gelten,
sondern wollte sie
in geschwisterlicher Gemeinschaft
zusammenwirken und zusammenleben sehen.

---

[25] Zum Mystiker Angelus Silesius s. S. 21.
[26] Urs Eigenmann, Menschwerdung, in: Hochgebete, 1996, S. 26f.

Zeichenhaft und einladend
soll dein Reich an ihnen aufscheinen.

Er stellte sich der Not und den Ängsten
der kleinen Leute,
nahm ihre Sorgen und Krankheiten ernst,
heilte und tröstete mit dem wirklichen Trost,
dass du kein Aufpasser und Rächer bist,
sondern ein menschenfreundlicher Gott,
der dem Verirrten nachgeht,
die Verlorenen zurückholt,
alle und alles sorgfältig
in den Händen hält. Amen.

Literatur:

Erhard Gass (Hrsg.), Geburt Jesu. Bilder zur Vorgeschichte, zur Geburt und zur Jugend Jesu; Legat-Verlag Erhard Gass, Tübingen 1997

F.M. Dostojewskij, Der Christbaum der armen Kinder, in: Alexandra Cordes (Hrsg.), Die schönsten Weihnachtsgeschichten der Welt, Wilhelm Goldmann Verlag, München 1978

C.G. Jung, Antwort auf Hiob, Deutscher Taschenbuch Verlag, München 6. Auflage 2004 (hrsg. v. Lorenz Jung)

Alfred F. Zimmermann, Das Dunkle im Gottesbild bei C.G.Jung, Die Vision des aus dem Himmel zertrümmerten Basler Münsters 1887, Fromm-Verlag Saarbrücken/Beau Bassin 2011

Urs Eigenmann (Hrsg.), Hochgebete. Texte zum Teilen von Brot und Wein, Genossenschaft Edition Exodus, Luzern 1996

flucht nach aegypten

Kurt Marti[27]

nicht

aegypten

ist

fluchtpunkt

der flucht

das kind

wird gerettet

für härtere tage

fluchtpunkt

der flucht

ist

das kreuz

[27] geduld und revolte. die gedichte am rand, RADIUS-Verlag Stuttgart 1984, S. 9.

Unser Leben gleicht der Sonne

Trauergottesdienst für Fritz Junker-Zahnd[28]

Einleitung

Wir sehen wieder einmal, wie vergänglich wir Menschen sind. Früher oder später müssen wir alle das Irdische lassen, müssen die Reise in die grosse Ewigkeit antreten. Wir sehen gerade in diesen Tagen von Weihnachten und Neujahr, besonders des Abschieds von Fritz Junker, der kurz vor seinem 78. Geburtstag gestorben ist, diese Wahrheit klar vor Augen: *Ein Tag, der sagt dem andern, das Leben sei ein Wandern zur grossen Ewigkeit. O Ewigkeit, so schöne, mein Herz an dich gewöhne, mein Heim ist nicht in dieser Zeit. (Gerhard Tersteegen)*[29]

Schriftlesung Koh 1, 2-8[30]

Wie ist alles so nichtig,
spricht der Prediger.
Was hat der Mensch für Gewinn
von all seiner Mühe?

Die Generationen kommen und gehen;
nur die Erde bleibt, wie sie ist.

---

[28] Aus dem Trauergottesdienst vom 29.12.2010 in der Evangelisch-reformierten Kirche Worb.

[29] Lied „Wann sich die Sonn erhebet“, Strophe 9 nach dem Gesangbuch der Evangelisch-reformierten Kirchen der deutschsprachigen Schweiz, Nr. 573.

[30] Gekürzt.

Die Sonne geht auf,

die Sonne geht unter

und strebt zurück an ihren Ort.

Jetzt weht der Wind von Norden,

dann dreht er und weht von Süden.

Alle Flüsse fliessen ins Meer,

aber das Meer wird nicht voll.

Man weiss nichts mehr von dem,

was die Alten taten.

Und was wir heute tun

oder unsere Kinder morgen,

wird man auch bald vergessen.

Nichts Neues gibt es unter der Sonne,

es ist alles so nichtig, umsonst.

Gebet

Ewiger Gott,

angesichts des Sterbens

eines so geliebten Menschen

kommen uns tatsächlich auch

Gefühle der Sinnlosigkeit.

Was hat uns das Leben gebracht?
Wir sind zerbrechlich und schwach,
gezeichnet von der Vergänglichkeit.

Dann aber geht uns auch auf,
dass uns viel Kostbares geschenkt war.

Und vielleicht gehen uns auch die Augen auf,
wie verlässlich Du trotz allem bist, guter Gott.

Ewiger Schöpfer, Herr der Welt!
Gütig, aber auch unerbittlich bist Du
in Deinen Gesetzen,
die für alles Geschaffene gelten.

Wir sind ja auch nur Teil
Deiner vergänglichen Schöpfung.

Wir danken Dir, dass wir uns Dir
anvertrauen dürfen trotz allem Vergehen.
Amen.

Predigt zu Koh 1,5

Die Sonne geht auf, die Sonne geht unter
und strebt zurück an ihren Ort. (Koh 1,5)

Liebe Trauerfamilie,
liebe mittrauernde Gemeinde,
die Sonne am Himmel in ihrem Aufgang am Morgen, in ihrem Überschreiten des Zeniths am Mittag, in ihrem Untergang am Abend, - manchmal bei eindrücklichem Abendrot - Gleichnis für unsere menschliche Existenz!
Auch wir werden geboren, werden älter gleich seit unserer Geburt: Fritz Junker in der Schmiede eines Berner Bauerndorfs, als noch Pferde beschlagen wurden. Zusammen mit fünf Geschwistern, eine erlebnisreiche und spannende Kindheit... Und dann hinaus ins Leben, voller Saft und Kraft, mit einer Offenheit für die Zukunft, bei Fritz mit einer Liebe zu Pflanzen und Blumen, als Gärtnerlehrling bei strenger Arbeit mit kleinen und grossen Töpfen, mit mehr oder weniger schwerer Erde, bei jedem Wetter... Schliesslich befriedigende Arbeit mit ausgesuchten Heilpflanzen im Botanischen Garten der Stadt, dass die Öffentlichkeit sie sehen, schmecken, sich merken konnte. Ganze Klassen von Drogistenlehrlingen, die sie kennenlernen mussten! Dann die Liebe zu Ihnen, liebe Frau Junker, die Liebe zu Ihnen, seine Kinder, zu den Grosskindern, zu vielen anderen Menschen! Ging da nicht wie eine Sonne am Himmel auf, langsam aber sicher, stetig und treu, hell und voller Glanz? Manchmal vielleicht hinter einer Wolke,

meistens aber warm und freundlich, offen, leutselig und klar? So ist doch das Leben eines Menschen, der sich unter uns entfaltete, dessen Tage zur Neige gingen.
Die Sonne geht auf, die Sonne geht unter und strebt zurück an ihren Ort. (Pred. 1,5) Was für eine Wahrheit, was gibt es wahrerers als dies? Die Zeit, die wir übrigens nach der Sonne zählen, schreitet unaufhörlich vorwärts. Ein Tag löst den andern ab. Das Rad der Zeit lässt sich nicht aufhalten, nicht zurückdrehen. Wir werden mit jedem Tag älter. Mit jedem Jahr haben wir einen Jahrring mehr an unserem Lebensbaum. Die bedeutende Psychiaterin Elisabeth Lukas schreibt ein Buch mit dem Titel: „Heute ist der erste Tag vom Rest deines Lebens.“[31] Der Theologe Eberhard Jüngel meint: „Mag in unserem Leben vieles oder alles ungewiss sein, unser Tod ist uns gewiss. Man kann uns alles nehmen; den Tod kann man uns nicht nehmen.“[32] Wie wahr! Schon Psalm 90 aus unserer Bibel lehrt uns beten: *Lehre uns unsere Tage zählen!* (Vers 12)

Seit ich diese Wahrheit einigermassen glaube begriffen zu haben, erlebe ich von unserem Balkon aus oder auf einem Abendspaziergang immer wieder eindrückliche Stimmungen, da die Sonne untergeht und ich daran denken muss, dass ein Tag meines Lebens wiederum unwiederbringlich vorbei ist. Dieser Tag wird nie wieder zurückkommen. Auch *meine* Lebenszeit bröckelt ab. Heute Abend werde ich 22'081 Tage gelebt haben, und es wird ab morgen natürlich wieder einer weniger sein. Und was ist dann nach meinem Untergang,

---

[31] S. Literaturverzeichnis unten S. 41.
[32] Eberhard Jüngel, Tod, 3. Aufl. 1973, S. 16.

was ist nach Eurem Untergang, liebe Gemeinde? *Die Sonne strebt zurück an ihren Ort.* Eisernes Gesetz der Schöpfung, wenn auch aus einer vergangenen Zeit, da man noch nicht wusste, dass sich die Erde um die Sonne dreht.

Und was denken wir, was mit uns geschieht, wenn wir gestorben sind? Wir erzählen den kleinen Kindern, Grossvati sei nun ein Engel im Himmel. Zwar müssen wir uns bewusst sein: Was nach dem Tod mit dem Kern unseres Wesens geschieht, bleibt Geheimnis. Wir können es nicht mit weltlichen Mitteln, nach irdischen Masstäben, wissenschaftlich genau, ausdrücken und beschreiben. Diese Fragen gehören in den Bereich des Glaubens. Wir finden Gleichnisse und Bilder, die uns helfen, den Abschied zu verarbeiten, zu verstehen, und die Zukunft über das Grab hinaus zu sehen. Die Engel im Himmel, die Auferstehung von den Toten, die neue Erde und der neue Himmel u.s.w. sind solche Bilder und dann doch auch wieder viel mehr als nur Bilder. Der Apostel Paulus redet in seinem grossen Auferstehungskapitel 1. Kor. 15 von einem „geistlichen Leib“, den wir bei der Auferstehung bekommen (Vers 44).

Der christliche Glaube sagt uns aber, ohne verwegen in Einzelheiten zu gehen: Uns wartet ein Neuanfang. Mein Weg geht weiter bei Gott, wenn ich sterbe. Ich bin in seiner Hand. Drüben in der grossen Ewigkeit und hier auf Erden. Gott bleibt in seiner Treue und Verlässlichkeit auch bei mir. Er richtet auf und begleitet, heilt Wunden und Sterblichkeit, schafft Neues.

Vielleicht haben Sie gedacht: Kann man unser unscheinbares Leben vergleichen mit dieser grossen Sonne, diesem nahen Stern, der alles Leben auf der Erde erst möglich macht? Ist die Sonne nicht unvergleichlich grösser, erhabener als unser kleines Menschenleben?

Ja, der Vergleich mag gewagt erscheinen. Wir sind ja auch schwach und fehlbar. Ein anderer Mensch, dessen Geburt als Gottessohn wir an Weihnachten eben gefeiert haben, zu dessen Ehre wir gerade noch Lichter angezündet haben, Jesus Christus, ermutigt uns aber in Joh 12,36: *Glaubt an das Licht, damit ihr Söhne und Töchter des Lichtes werdet!*

So singen wir auch in unseren alten Liedern von Christus:

Brich an, du bist die wahre Sonne...[33]

O klare Sonn, du schöner Stern, dich wollten wir ansehen gern;
o Sonn geh auf, ohn deinen Schein, in Finsternis wir alle sein...[34]

Ich lag in tiefster Todesnacht,
du warest meine Sonne,
die Sonne, die mir zugebracht,
Licht, Leben, Freud und Wonne.

O Sonne, die das werte Licht
des Glaubens in mir zugericht,
wie schön sind deine Strahlen![35]

[33] Fritz Enderlin, „Du Glanz aus Gottes Herrlichkeiten“ (1952), nach dem Hymnus „Splendor paternae gloriae“ (Ambrosius von Mailand), Nr. 558, Strophe 2, s. o. Anm. 29.
[34] Friedrich Spee, „O Heiland reiss die Himmel auf“ (1622) , Nr. 361, Strophe 5, s.o. Anm. 29.

Ich finde, eigentlich könnten wir einander mit unsrem Leben auch Sonne sein. Das sind wir, wenn wir einander freundlich, offen, mit Liebe begegnen. Christus will uns helfen zur Liebe, weil er die Liebe selber ist[36], die Liebe in höchster Person, wie sie an Weihnachten auf Erden erschienen ist. Amen.

Dankgebet[37]

Wir danken Dir, Gott,
für diesen Menschen,
der uns so nahe und kostbar war,
und der uns nun vorausgegangen ist
in die ewige Welt.

Wir danken für seine Liebe
zu uns Angehörigen,
für seine Offenheit
zu uns Freunden.

Wir bitten Dich,
dass wir Deine neuschaffende Kraft
in diesen Tagen der Trauer
besonders erfahren dürfen.

---

[35] Paul Gerhardt, „Ich steh an deiner Krippe hier" (1653), Nr. 402, Strophe3, s. o. Anm. 29.

[36] Angelus Silesius aaO, 5. Buch Nr. 246: „Gott ist die Liebe selbst und tut auch nichts als lieben/Drum will er auch, dass wir die Liebe stets solln üben." Diese Einsicht zieht sich in unserem kleinen Predigtband wie ein roter Faden hindurch.

[37] Im Anschluss an Vincent Reinhart (Hrsg.), Du in unserer Mitte, 1989, S. 176.

Und wir bitten Dich,
dass wir alle, die wir
mit Fritz verbunden waren,
nun auch jetzt nach seinem Tod
verbunden bleiben
und gemeinsam in Frieden und Freundschaft
mit Deiner Treue und Liebe rechnen dürfen,
die uns über den Tod und über das Grab
hinaus zugesagt ist. Amen.

Literatur:

Elisabeth Lukas, Heute ist der erste Tag vom Rest deines Lebens. Schritte zu einer erfüllten Existenz, Gütersloher Verlagshaus, Gütersloh 2007
Eberhard Jüngel, Tod; Kreuz – Verlag, Stuttgart, 3. Auflage 1973
Erhard Gass, Geburt Jesu. Bilder zur Vorgeschichte, zur Geburt und zur Jugend Jesu, Legat-Verlag, Tübingen 1997
Gerhard Wehr (Hrsg.)**,** Angelus Silesius. Textauswahl und Kommentar, matrix-verlag, Wiesbaden 2011
Vincent Reinhart (Hrsg.), Du in unserer Mitte. Ökumenisches Gebetbuch, Herder Verlag, Freiburg im Breisgau 1989

Alt und weise lass mich werden[38]

Anton Rotzetter

Alt und weise
    wie der Baum im Garten mit den vielen
    Früchten
So lass mich werden, Du Gott meines Lebens

Alt und gut
    wie der köstliche Wein auf dem festlichen
    Tisch
So lass mich werden, Du Gott meines Lebens

Alt und sanft
    wie die Abendsonne im Herbst
So lass mich werden, Du Gott meines Lebens

---

[38] Gott, der mich atmen lässt. Gebete des Lebens, Herder Verlag Freiburg/ Basel/Wien, 1985/Neuausgabe 1994, S. 161-162.

Christus – für uns gestorben

Karfreitagsgottesdienst zu Röm 3,21-26[39]

Gruss

Christus ist der Sünde ein für allemal gestorben. Amen. (Röm. 6,10)

Gebet

Herr, höchster Gott,
manchmal lastet Schuld schwer auf uns.
Persönliche Belastungen werden uns zum Verhängnis,
und wir werden am Nächsten schuldig,
manchmal gerade an denen, die uns besonders nahestehen.
Das tut uns dann leid; aber es ist gar nicht einfach,
begangenes Unrecht wieder einzurenken.

Auch grössere Zusammenhänge werden uns bewusst:
wie wir der Umwelt gegenüber fehlen,
wie wir systembedingt den Menschen
in armen Ländern die Chancen nehmen.

Vergib uns unsere Schuld
und zeig uns einen Weg
aus Ungerechtigkeit
und Unfrieden.

---

[39] Aus dem Karfreitagsgottesdienst vom 10.4. 1998 in der Evangelisch-reformierten Kirche Worb.

Danke, dass Du im Kreuz Deines Sohnes
Vergebung gestiftet hast.

Lass uns heute
das Geheimnis von Karfreitag neu erspüren.
Öffne uns für Dein Wort und Dein Wirken an uns.

Schriftlesung I: Joh 19,16b-27

Sie übernahmen nun Jesus. Er trug sein Kreuz selber und ging hinaus zu der sogenannten Schädelstätte, die auf Hebräisch Golgotha heisst. Dort kreuzigten sie ihn und mit ihm zwei andere, auf jeder Seite einen, in der Mitte aber Jesus. Pilatus liess auch eine Tafel beschriften und sie oben am Kreuz anbringen. Darauf stand geschrieben: Jesus von Nazareth, der König der Juden.

Diese Inschrift nun lasen viele Juden, denn die Stelle, wo Jesus gekreuzigt wurde, lag nahe bei der Stadt. Sie war in hebräischer, lateinischer und griechischer Sprache verfasst. Da sagten die Hohen Priester der Juden zu Pilatus: Schreibe nicht: Der König der Juden, sondern dass er gesagt hat: Ich bin der König der Juden. Pilatus antwortete: Was ich geschrieben habe, das habe ich geschrieben.

Nachdem nun die Soldaten Jesus gekreuzigt hatten, nahmen sie seine Kleider und machten vier Teile daraus, für jeden Soldaten einen Teil, dazu das Untergewand. Das Untergewand aber war ohne Naht, von oben an am Stück gewoben. Da sagten sie zueinander: Wir wollen es nicht zerreissen, sondern darum losen, wem es gehören soll. So sollte die Schrift in Erfüllung gehen, die sagt: Sie haben meine Kleider unter

sich verteilt, und über mein Gewand haben sie das Los geworfen. Das also taten die Soldaten.
Beim Kreuz aber standen seine Mutter, und die Schwester seiner Mutter, die Frau des Klopas, und Maria von Magdala. Als nun Jesus die Mutter und den Jünger, den er liebte, neben ihr stehen sieht, sagt er zur Mutter: Frau, da ist dein Sohn. Dann sagt er zum Jünger: Da ist deine Mutter. Und von jener Stunde an nahm der Jünger sie zu sich.

Schriftlesung II: Röm 3,21-26

Jetzt aber ist unabhängig vom Gesetz die Gerechtigkeit Gottes erschienen – bezeugt durch das Gesetz und die Propheten – , die Gerechtigkeit Gottes, die durch den Glauben an Jesus Christus für alle da ist, die glauben. Denn da ist kein Unterschied: Alle haben ja gesündigt und die Herrlichkeit Gottes verspielt. Gerecht gemacht werden sie ohne Verdienst aus seiner Gnade durch die Erlösung, die in Christus Jesus ist. Ihn hat Gott dazu bestellt, Sühne zu schaffen, die durch den Glauben wirksam wird, durch die Hingabe seines Lebens. Darin erweist er seine Gerechtigkeit, dass er auf diese Weise die früheren Verfehlungen vergibt, die Gott ertragen hat in seiner Langmut, ja, er zeigt seine Gerechtigkeit jetzt, in dieser Zeit: Er ist gerecht und macht gerecht den, der aus dem Glauben an Jesus lebt.

Karfreitagspredigt zu Röm 3,21-26

Liebe Gemeinde,

der Glaube der ersten Christen wurzelt im Kreuz des Jesus von Nazareth. Der Evangelist Johannes berichtet, wie Jesus auf dem sogenannten „Schädelplatz" („Golgotha") exekutiert wurde. Paulus interpretiert diese Kreuzigung so, dass Gott ein Sühnezeichen aufgerichtet habe.

* * * *

Die Betroffenheit der verschiedenen Beteiligten rund um die Kreuzigung ist nach Johannes auffällig unterschiedlich.

- Die *führenden Priester* und *Pilatus* streiten sich um die genaue Formulierung der Aufschrift. Darf man schreiben: DER KÖNIG DER JUDEN? Die jüdische Geistlichkeit ärgert sich über das, was auf der Inschrift steht, hat Jesus ihrer Meinung nach doch nur *behauptet*, er sei der König der Juden. Sie sind dagegen, dass dreisprachig amtlich bestätigt wird, da hänge der König der Juden am Kreuz. Der Evangelist zeigt in seinem Bericht auf diese Weise „durch die Blume", dass sich die Wahrheit trotz allen Widerständen doch noch zeigt und auf diesem Holztäfelchen festgehalten ist. Pilatus hat genug von der schwierigen Geschichte. Er sagt: „Was ich geschrieben habe, habe ich geschrieben." Wenn ihm die örtliche Geistlichkeit den heiklen Fall schon zugeschoben hat, dann behält er doch das letzte Wort.
- In einer weiteren Begebenheit unter dem Kreuz zeigt sich, wie sich hier Gottes Absichten erfüllen, wie sie schon in den Schriften der

jüdischen Bibel angedeutet waren. Die Kleider von Jesus dürfen *die Soldaten* unter sich verteilen. Das Unterkleid aber ist in einem Stück gewoben. Es wäre darum schade, es zu zerschneiden, und die Soldaten lassen das Los entscheiden, wer es erhält. Aber das ist nur die äussere Seite der Begebenheit. Sie können nicht wissen, dass es da noch eine innere Seite gibt, dass auch sie dabei nur Werkzeuge des göttlichen Willens sind. Schon lange vorher stand im 22. Psalm, dass die Kleider dessen, der in der Todesstunde ruft „Mein Gott, mein Gott, warum hast du mich verlassen?“ verteilt und um sein Gewand das Los geworfen werde. Die Absicht Gottes mit seinem Auserwählten Jesus setzt sich also durch, sei es mit der Inschrift am Kreuz, sei es bei der Verteilung des Kleides.

- Und dicht daneben, was für ein Kontrast: *die engsten Vertrauten* von Jesus! Auch da gibt es noch etwas zu regeln. Aber etwas ganz anderes, viel menschlicheres. Die Mutter von Jesus muss jetzt ohne ihren Sohn weiterleben. Sie ist zwar nicht allein. Andere Frauen sind bei ihr. Diese Frauen haben es sich nicht nehmen lassen, bis hierher unter das Kreuz zu kommen und ihren Jesus noch beim Sterben zu begleiten. Und noch ein anderer ist da, der Lieblingsjünger Johannes. Der Kern der Vertrauten ist da! Und was Jesus jetzt noch als Sterbender zwischen den Hinterbleibenden stiftet, ist eigentlich nichts anders als die christliche Gemeinde, wo man zueinander steht, man einander liebt, man miteinander unterwegs ist. Der Mutter sagt Jesus im Blick auf Johannes vom Kreuz herab: *„Siehe, dein Sohn!“* Johannes aber sagt er noch in seiner Sterbestunde im Blick auf Maria: *„Siehe, deine Mutter!“* Die

Schwester der Mutter Maria ist ebenfalls da, auch Maria Magdalena. Man ist – in der christlichen Gemeinde – jetzt einander Mutter und Sohn, Bruder und Schwester, noch in einer anderen Art als zwischen leiblichen Angehörigen. Man ist miteinander tief verbunden im Erlebnis des Sterbens des Meisters und seiner Auferweckung am dritten Tag.

* * * *

Paulus ist nicht der erste, der den Tod von Jesus als Sühnopfer deutet. Man weiss heute, dass er sich gerade an dieser Stelle auf vorgegebene Überlieferung der werdenden Kirche berufen kann. Bald nach dem Tod von Jesus, noch als sich das jung aufblühende Christentums im Rahmen des Judentums bewegte, hat man den Tod von Jesus als grossen, einmaligen Akt der Vergebung von Gott her gedeutet. Hat das Volk Israel bis anhin am grossen Versöhnungstag Jahr für Jahr Sühne für seine Schuld bekommen, wenn der Hohepriester einmal im Jahr ins Allerheiligste des Tempels hineinging und Gott mit dem Blut eines Opfertiers für das ganze Volk um Versöhnung anging, dann wurde jetzt für die Christen ein für allemal das Kreuz von Jesus zum Versöhnungszeichen. Am Karfreitag hat Gott für alle Menschen vor aller Welt gleichsam den Nagel eingeschlagen, der die Botschaft öffentlich aushängen lässt: Euch sind eure Sünden vergeben, wenn ihr glaubt und dieses Geschenk annehmt! Dieses Bild vom Nagel und dem Dokument kommt aus Kol. 2, wo Paulus die Botschaft der Vergebung anschaulich im Bild formuliert: *Gott hat euch mit ihm* (d.h. Christus) *lebendig gemacht, indem er uns alle Verfehlungen vergeben hat. Zerrisssen hat er den Schuldschein, der aufgrund der Vereinbarungen gegen uns sprach und uns belastete. Er hat ihn aus dem Weg geräumt, indem er ihn ans Kreuz heftete.* (V. 13f)

Das bedeutet – so Paulus in Röm 3 – Versöhnung mit Gott. Er argumentiert kompliziert, äusserst gerafft und gedrängt. Die Auslegung dieses Textes füllt Bände von Büchern. Wir können hier nur drei Punkte hervorheben, die sich für Paulus aus diesem frühen und zentralen Verständnis der Kreuzigung des Jesus von Nazarareth ergeben:

- *Im Kreuz Jesu Christi erfüllt sich die Gerechtigkeit Gottes.* Diese Gerechtigkeit ist schon in der Schrift Alten und Neuen Testaments – „im Gesetz und in den Propheten" – bezeugt. Letztere Bezeichnung ist ein Begriff für die alttestamentliche Bibel. Damit ist der Weg frei für die Vergebung der Menschen, die glauben. Später geht Paulus sogar so weit, dass er von der Gerechtsprechung des Gottlosen, vom Sterben des Jesus für die Gottlosen spricht. (Röm 4,5/5,6)
- *Unsere Erlösung durch das Kreuz von Jesus geschieht also „ohne Verdienst, aus seiner Gnade".* Gott hätte die Rettungstat nicht vollbringen müssen. Es ist sein kreativer, origineller Akt allein, dass er den auserwählten Sohn Jesus Christus in die Hände eines römischen Prokurators und dessen Soldaten gibt und sie ihn gleichsam blind hingerichtet haben. Martin Luther, der grosse Entdecker des sola gratia („aus Gnade allein") schreibt: „Der Glaube macht nicht gerecht wie ein Werk, sondern deswegen macht er gerecht, weil er die Barmherzigkeit ergreift, die in Christus dargeboten wird.

In diesem Vertrauen auf Gottes Barmherzigkeit lebt die wahre Kirche mit dem demütigen Bekenntnis ihrer Sünde ... und hofft, Gott werde ihr um Christi willen vergeben." (WA 42, 192, 4-7)

- *Ohne Glauben der Menschen kommt die Kreuzigung von Jesus nicht zu ihrer Wirkung.* Was mit Jesus Christus am Karfreitag geschah, wird wirksam für alle, die es im Glauben annehmen. (V. 25) In unseren reformierten Kirchen ist heute das Missverständnis verbreitet, auf den Glauben als Antwort komme es nicht so an; denn Christus sei ja für alle gestorben und vergebe allen unterschiedslos und uneingeschränkt ihre Schuld. Dietrich Bonhoeffer warnte vor diesem Missverständnis. Jesus und die Apostel hätten sicher nicht eine „billige" Gnade gebracht. Die Gnade sei eine „teure" Angelegenheit. Kein Glauben ohne Nachfolge! Das Opfer des eigenen Sohnes ist an sich schon ein solch starkes Stück Handeln Gottes an dieser Welt, dass schon nur dieser Inhalt des Karfreitags jede Gleichgültigkeit und Unentschiedenheit vonseiten der Menschen ausschliesst.

Lasst uns deshalb gerade auch heute zu Gott kommen, der seinen einzigen Sohn gab, damit wir durch ihn das Leben in seiner ganzen Fülle haben.

Amen.

Gebet

Höchster Gott, unser Vater im Himmel,
in Deinem Sohn Jesus Christus
hast Du Dich zu uns Menschen begeben.
Wir danken Dir.

Jesus Christus,
am Kreuz hast Du für uns gerungen und gelitten,
bist Du gestorben wie ein Verbrecher,
völlig zu Unrecht.

Bei Dir aber hat sich höchstes Recht erfüllt.
Weil Du für unsre Schuld gestorben bist,
geniessen wir als Schuldige Vergebung,
sind wir versöhnt mit Dir und den Menschen.

Lass uns dieses Wunder wieder neu erkennen.
Lass uns darauf bauen, daran glauben,
vertrauen, dass auch unsere Schuld
und die Schuld der ganzen Welt gemeint ist.

Und dass, wenn wir uns von diesem Geschenk
ausnehmen wollten,
wir die törichsten Menschen wären,
die nicht nehmen könnten,
was ihnen geschenkt ist.
Amen.

Leiden und Leben[40]

Wer das Leben wagt
begegnet dem Leiden,
denn es gehört zu ihm
wie Atem und Schlaf.

Warum erschrickst du?
Lass los, gib dich hin
dem einen, lebendigen,
schuldlos Gerichteten!

Siehe da, der Mensch:
Gefoltert, gekreuzigt,
und trotz allem Leiden
Quelle des Lebens.

[40] Gedicht von Alfred Zimmermann, in: reformiert, Evangelisch-reformierte Zeitung für die deutsche und rätoromanische Schweiz, März 1988, Gemeindeseite Worb.

Zum Osterfest

Feier der Osternacht[41]

Soll nur keine(r) sagen: „Ostern geht mich nichts an!“ Warum die Blechlawinen am Gotthard? Warum die allseits so beliebte grosse „Brücke“ im Betrieb, die ja fast einer zusätzlichen Woche Ferien gleichkommt? Warum die beliebten Osterbräuche für Jung und Alt? Ostern – meine ich – ist nach wie vor ein Urdatum der christlichen Welt. Auch wenn vielleicht nur wenige wirklich hinter das Geheimnis von Ostern blicken. Mit Ostern begann die erstaunlich starke Bewegung hin zur Gemeinschaft jubelnder, feiernder, engagierter Christen.

Doch heute beteiligen sich viele nicht mehr direkt am Fest. Der Sinn von Ostern ist ihnen abhanden gekommen. Materialistischer Glaube ans Vordergründige, Sichtbare, Messbare herrscht vor – das Geheimnis von Ostern aber ruft nach Sinn für noch andere Dimensionen.

Schon C.G. Jung sagte einmal: „Alles hat man fürs Aussen getan, die Wissenschaft ins Unvorstellbare verfeinert, die Technik ins Unermessliche gesteigert. Den Menschen aber, der alle diese Herrlichkeiten in vernünftiger Weise verwalten sollte, hat man einfach vorausgesetzt.“

Es gehe für den Menschen aber darum, „die Chance zu nutzen, seinen Blick dem inneren Menschen zuzuwenden“. Jung spricht von der „Notwendigkeit einer neuen religiösen Einstellung.“

---

[41]reformiert (s. Anm. 40), April 2010, Gemeindeseite Worb.

Ostern, sei – wie andere Aussagen der christlichen Ueberlieferung auch – symbolisch zu verstehen.

„Die Gefahr, dass das Allzuviele an wörtlich verstandener Mythologie plötzlich einer Ablehnung in Bausch und Bogen begegnet, ist heutzutage grösser denn je. Wäre es nicht an der Zeit, dass man die christlichen Mythologeme[42] einmal als symbolisch verstehen würde?“

Gerne stellen wir fest: Das tun wir eigentlich längst. Wir verkünden an Ostern das leere Grab Jesu Christi nicht in erster Linie als historisches Faktum, sondern als Symbol für das Wunder je neuer Auferstehung von Menschen, die aus Leidenserfahrungen trotz allem wieder „aufstehen“ und in neuer Kraft leben. Vor allem aber als Symbol, dass wir nach unsrem Sterben „aufstehen“ werden bei Gott.

Wir feiern die Osternacht mit viel Symbolik, Poesie und Stille. Wir haben die Symbolhandlung des Abendmahls vereinfacht und bieten sie in verschiedenen Formen an. „Ist Christi Auferstehung nicht wörtlich, sondern symbolisch zu verstehen, so ist sie verschiedener Aussagen fähig“ (C.G. Jung).

Eines bin ich mir sicher. Wer an Ostern nicht mitfeiert, hat etwas verpasst. Ein Berliner Droschkenkutscher, nach seinem Glauben an die Auferstehung gefragt, soll gesagt haben: „Auferstehung, nee, det gloob ik nicht, aber ik lass mir überraschen.“

[42] d.h. mythologische Elemente oder Motive.

Auferstehung jetzt und in Ewigkeit

Ostergottesdienst

mit Taufe von Mike Schlatter zu Mk 16,1-8[43]

Gruss

Christus ist auferstanden.

Er ist wahrhaftig auferstanden. Halleluja!

Fürbitte[44]

Grosser Gott,

Du weißt, was uns
in der vergangen Woche
beschäftigte.

Menschen sind gestorben,
die uns lieb und wert waren.
Wir bitten Dich
um Mut und Kraft,
sie loszulassen
und der ihrer Auferstehung
bei Dir zu vertrauen.

---

[43] Aus dem Ostergottesdienst vom 31.3.2013 in der Evangelisch-reformierten Kirche Worb.

[44] Zur Zeit Zwinglis in Zürich begann der Gottesdienst mit der Fürbitte, s. Liturgie, hrsg. im Auftrag der Liturgiekonferenz der Evangelisch-reformierten Kirchen in der deutschsprachigen Schweiz, Entwurf 1976, Bd. III, S. 65f.

Wir bitten Dich für unser Land,
für unsere Welt,
dass Menschen schon hier
aufstehen gegen Populismus
und trügerische Ideologien,
die Völker auseinanderreissen.

Wir bitten, dass Syrien
zum Frieden findet,
dass sich die Angst voreinander
in Israel und Palästina auflöst,
dass überall auf der Erde
Friede wird.

Herr, erbarm Dich. Amen.

Lesung: Auferstehung (Marie Luise Kaschnitz)[45]

Manchmal stehen wir auf
Stehen wir zur Auferstehung auf
Mitten am Tage
Mit unserem lebendigen Haar
Mit unserer atmenden Haut.
Nur das Gewohnte ist um uns.
Keine Fata Morgana von Palmen

[45] Kurt Marti (Hrsg.), Stimmen vor Tag. Anthologie moderner religiöser Lyrik/Gedichte aus diesem Jahrhundert, Siebenstern Taschenbuch Verlag München und Hamburg 1965, S. 74f.

Mit weidenden Löwen
Und sanften Wölfen.
Die Weckuhren hören nicht auf zu ticken
Ihre Leuchtzeiger löschen nicht aus.
Und dennoch leicht
Und dennoch unverwundbar
Geordnet in geheimnisvolle Ordnung

Taufansprache

In der Taufe sind wir gleichsam mit Christus gestorben und begraben. Aber Christus wurde durch die überwältigende Macht Gottes von den Toten auferweckt. Darum haben auch wir ein neues Leben erhalten. (nach Röm 6,3f)

Liebe Taufeltern, liebe Taufzeugen,
erschrecken Sie nicht ob diesen schweren Worten von Sterben, Tod und Grab. Wir feierten aber eben Karfreitag, und da ging es in Gottes Namen um den Tod von Jesus und sein Begraben-Werden. Und heute feiern wir seine Auferstehung. Sie dürfen wissen, dass die ersten Christen in ihrer Erwachsenentaufe diesen Weg mit Christus real, aber symbolisch gingen. Sie erlebten, dass sie in ihrer Taufe ganz unter Wasser getaucht wurden, das Sterben von Jesus so also gleichsam nachahmten und dann als neue Menschen aus dem Wasser wiederauftauchten, ähnlich der Auferstehung von Jesus aus dem Grab von Karfreitag. Darum diese Beschreibung des Paulus in seinem Brief an die Römer im 1. Jahrhundert.

Wir Menschen[46] sind seit je, (biblisch ausgedrückt) seit Adam und Eva, fehlbar. Wir häufen neben Schönem und Gutem viel Schuld an und sind darum vor Gott und den Menschen auf Vergebung angewiesen. Wir brauchen das reinigende Wasser der Taufe, welches uns mit Gott ins Reine bringt durch seinen Sohn Jesus Christus, der später für die Schuld der Welt am Kreuz gestorben ist. Die *äussere Taufe* mit Wasser stellt für uns Reformierte allerdings nicht das Wesentlichste dar. Die *Taufe am inneren Menschen*, eine neue Geburt, soll später im Leben des Kindes seine Beziehung zu Gott prägen. Die Taufe eines Kindes gilt nach Zwingli deshalb als ein *Zeichen* für diese Taufe.

Symbolhandlung und Verpflichtung der Eltern[47]

Gebet für das Kind

Guter,
mütterlicher
und väterlicher Gott,
so legen wir Mike
in Deine Hand
mit Dank,
dass Du ihn wunderbar
gebildet hast
im Schosse seiner Mutter.

---

[46] Modul zur Tauffeier wie o. S. 22.
[47] Module zur Tauffeier wie oben S. 23f.

Mit der Geburt hast Du
ihn herausgerufen
in ein Leben,
das sich zu leben lohnt.

Wir bitten Dich,
dass Du ihn aufstehen lässest
nicht nur in seiner Entwicklung als Kind,
nicht nur in schwierigen Erfahrungen,
welche zum Leben gehören,
sondern auch am inneren Menschen,
bis er einmal teilhaben soll
an der Auferstehung der Toten
in der anderen, zukünftigen Welt.

Taufhandlung und Taufsegen

Gott hat seinen Engeln befohlen, dich auf allen deinen Wegen zu behüten. Amen.

Lesung des Predigttextes: Mk 16,1-8

Als der Sabbat vorüber war, kauften Maria aus Magdala und Maria, die Mutter des Jakobus, und Salome wohlriechende Öle, um hinzugehen und ihn zu salben. Und sehr früh am ersten Tag der Woche kommen sie zum Grab, eben als die Sonne aufging. Und sie sagten zueinander: Wer wird uns den Stein vom Eingang des Grabes

wegwälzen? Doch wie sie hinschauen, sehen sie, dass der Stein weggewälzt ist. Er war sehr gross.
Und sie gingen in das Grab hinein und sahen auf der rechten Seite einen jungen Mann sitzen, der mit einem langen, weissen Gewand bekleidet war; da erschraken sie sehr. Er aber sagt zu ihnen: Erschreckt nicht! Jesus sucht ihr, den Nazarener, den Gekreuzigten. Er ist auferweckt worden, er ist nicht hier. Das ist die Stelle, wo sie ihn hingelegt haben. Doch geht, sagt seinen Jüngern und dem Petrus, dass er euch vorangeht nach Galiläa. Dort werdet ihr ihn sehen, wie er euch gesagt hat. Da gingen sie hinaus und flohen weg vom Grab, denn sie waren starr vor Angst und Entsetzen. Und sie sagten niemandem etwas, denn sie fürchteten sich.

Osterpredigt zu Mk 16,1-8

Liebe Gemeinde,
warum nicht auch an Ostern ein Kind taufen? Ein Kind kommt aus der dunklen Höhle des Mutterleibes ans helle Licht der Welt, voller Auferstehungshoffnung wie aus dem Grab, aus welchem Christus auferstanden ist. Wir begrüssen das Kind mit der Botschaft, dass es von Gott geliebt und angenommen ist. Und wir feiern dies in der Taufe, schon bevor es sich selbst zu Christus bekennen kann.

Ja, liebe Gemeinde,
rein sprachlich, im Griechischen, bedeutet „Auferstehung" zunächst einmal nichts anderes als das Aufstehen eines Menschen am Morgen aus dem Bett oder eben, das Aufstehen eines Kleinkindes,

wenn es vom Nachmittagsschläfchen aus dem Zimmer herauskommt, bevor es von der Mutter oder vom Vater aus dem Zimmer geholt wird.

Aber wir wollen jetzt natürlich noch einer anderen Auferstehung nachspüren, jener von Jesus in Jerusalem, als die Frauen direkt durch den Eingang zur Gruft ein leeres Grab gefunden haben sollen und der Leichnam einfach verschwunden gewesen sein soll.

Man kann diese Geschichte nehmen wie man will – ich für mich habe mich von den diesbezüglichen Theologenstreitereien gelöst und verstehe die Geschichte vom leeren Grab so oder so symbolisch.

Ein *Stein* ist weggewälzt, der Zugang zum Grab des Auferstandenen ist frei. Halleluja! Aus einem *Grab* kommt Wegweisung. Ein weiss gekleideter Jüngling sagt, wie weiter. Halleluja! Da ist *Licht,* nur Licht, Halleluja! Nach dem Sterben kommt Licht, noch ein anderes als die kreatürliche Sonne, die draussen in der Schöpfung aufgeht. Das Licht in diesem Grab mit dem Engel ist das unerschaffene ewige Licht!

Da begegnen sich zwei Welten. Die Frauen bringen duftende Kräuter zum Einbalsamieren des Leichnams. Da steht ein Stein, am Rande des Türeingangs. Und was die Frauen suchen, ist ein Leib aus dem sichtbaren, irdischen Bereich: was nach dem Tod zurückbleibt, hier begraben wurde und verwesen soll. Aber den Leichnam gibt es in dieser Grabkammer nicht mehr. Er ist weg.

Das macht Angst. Ja, Entsetzen überwältigt die Frauen. Es gibt nichts für sie als die Flucht.

Da ist aber auch dieser Jüngling aus der anderen Welt. Leuchtend weiss ist sein Kleid. Wie geheimnisvoll! Das Grab ist doch nicht leer! Im Grab mit dem Engel leuchtet Ewigkeit auf. Der Engel sagt: Habt keine Angst! Ihr sucht, was an Jesus übrigblieb. Aber er ist nicht hier. Er ist auferstanden in die ewige Welt! Geht, sagt es den Jüngern und Petrus, dass ihnen Jesus nach Hause, nach Galiläa vorangehen wird. Zurück zu den Netzen!

In diesem Grab treffen also das Irdische und das Ewige zusammen, wie wir es oft erleben, wenn wir von einem sterbenden Menschen Abschied nehmen müssen. Ostern heisst für mich gerade heute auch dies, dass nach der Zeit unserer Leiblichkeit die ewige Welt auf uns wartet, das Licht, das nie mehr verlöscht.

Ich schliesse mit einem banalen Beispiel: Was hat ein Fussgängerstreifen mit einem leeren Grab zu tun? Ich habe mir an einem Fussgängerstreifen neulich überlegt, ob das real Gelbe am Boden der Strasse wirklich alles sei, was zu einem Fussgängerstreifen gehört. Der Fussgängerstreifen wurde mir zum Gleichnis, dass es hinter allem Sichtbaren viel Unsichtbares gibt, wie es eben auch beim leeren Grab der Fall ist. Die Frauen stossen auf Dinge, die nach menschlichem Ermessen Geheimnis sind. Die gelben Blöcke auf der Strasse sind nur der sichtbare, kleine Teil der Einrichtung „Fussgängerstreifen“. Darumherum gibt es viel Unsichtbares: das Gesetz, das den Verkehr bestimmt; die Männer, die die Strasse bemalten; die Farbe, die dazu nötig war; den Anstand, dass die Autos anhalten u.s.w. Die Hauptsache der Dinge ist hintergründig, letztlich unsichtbar. Das leere Grab bleibt Geheimnis. Die Auferstehung aber ist für mich etwas, welches das Ewige mitten in unsrem Leben zeigt. Sie öffnet uns für die Dimension der Ewigkeit. Amen.

Gebet[48]

Wir preisen dich, lebendiger Gott.
Du schaffst Licht aus der Dunkelheit.
Schaffe Licht in unseren Herzen,
dass wir leben in dir.

Wir preisen dich, Christus.
Du hast dem Tod die Macht genommen
und Leben und unvergängliche Freude
ans Licht gebracht.

Wir freuen uns in deiner Kraft
und danken dir, Licht aus ewigem Licht,
Sonne dieser Welt und der Welt, die kommt.

Amen.

---

[48] Hartmuth Miethe/Manfred Werner, in: Ernst L. Fellechner/Helmut Votava, Praxishilfe Osternacht, Verlag Neues Buch, Nidderau 1995, S. 87.

das leere grab

Kurt Marti[49]

ein grab greift
tiefer
als die gräber
gruben

denn ungeheuer
ist der vorsprung tod

am tiefsten
greift
das grab das selbst
den tod begrub

denn ungeheurer
ist der vorsprung leben

[49] geduld und revolte. die gedichte am rand, RADIUS-Verlag Stuttgart , 2. Aufl. 1984, S. 67.

Auferstehung als neue Geburt?[50]

Sind wir eine religiös unterkühlte Gesellschaft geworden? Viele können sich unter dem ewigen Leben kaum noch was vorstellen! Sie sagen sich: Ich kann über ein Jenseits nach meinem Tod nichts wissen, also beschäftige ich mich nicht mit der Frage, ob etwas und was allenfalls nach dem Tod kommt. Was zählt sind Fakten, die zweifelsfrei nachprüfbar sind. Als Erfahrung gilt, was in der Aussenwelt beweisbar ist. Oder was materiell etwas bringt…
Wie aber steht es mit den *inneren* Erfahrungen, die uns oft unbewusst sind, uns nicht selten mehr als alles andere beeinflussen? Innere Bilder und Sehnsüchte? Sie sind in den Religionen, in Kunst, Dichtung und Literatur und nicht zuletzt in der Bibel seit jeher anzutreffen. Sprechen wir mit Menschen, die einen nahen Angehören verloren haben, wird uns bewusst, wie viele sich in der Trauer daran halten, dass die geliebte Person in einer anderen Welt da ist.

Gewiss ist es wichtig, dass Jenseitshoffnungen nicht dazu dienen dürfen, das Leben *vor* dem Tod abzuwerten. Es wäre unethisch, elementares Leben nicht auch in realen irdischen Verhältnissen nach Kräften zu fördern. Hunger, Armut und Unterdrückung sind ein Skandal! Lange genug wurde die Religion als Opium fürs Volk missbraucht. Bedrängte Menschen, die im Elend nach Luft und Atem rangen, wurden auf ein besseres Jenseits vertröstet.

---

[50] Editorial zur Gemeindeseite Worb, in: reformiert, Evangelisch-reformierte Zeitung für die deutsche und rätoromanische Schweiz, April 2011.

Aber denken wir ausschliesslich in äusseren Fakten, Zahlen und Werten, werden wir der Wirklichkeit in ihrer Ganzheit nicht gerecht. Wer nur realwissenschaftlich denkt, vergisst, dass die eigentlichen Triebfedern menschlichen Handelns aus der Tiefe der menschlichen Seele kommen. Ein Martin Luther King konnte den USA zu mehr Gerechtigkeit verhelfen, weil er die Vision von der Freiheit aller Menschen in Gleichheit und Würde in sich trug.

Zugegeben, ich kann nicht beweisen, dass es nach dem Tod mit mir weitergeht. Ich darf aber auch nicht meinen, diese Frage interessiere niemanden. Offensichtlich ist trotz allem Widerschein das Gegenteil der Fall. In dem Masse, wie sich die Kirche darüber nicht näher Gedanken macht, spriessen esoterische Varianten wie Pilze aus dem Boden. Der Protestantismus neigt besonders dazu, solche Gedanken gar nicht erst aufkommen zu lassen.

In den Ostergeschichten haben wir bildhafte Aussagen vor uns, wie es nach dem Zeugnis der Evangelien Jesus nach seinem Tod ergangen sei. Die Geschichten vom leeren Grab und den Erscheinungen des Auferstandenen vor seinen engsten Freunden sind nachhaltig wirkende Bilder und Symbole geworden. Gleichnisse, die auch uns ermutigen, dass der Tod nicht das letzte Wort hat, dass wir schon mitten im Leben Auferstehung erleben können u.s.w.

Paulus spricht in 1. Kor. 15 davon, dass Christus als „Erstling“ von den Toten auferstanden sei. Wir würden ihm nach unserem Tod in der „Auferstehung der Toten“ – wann, wie und wo immer – nachfolgen. „Auf-Erstehung“ ist dabei auch wieder Bildwort. Aber nicht etwa *nur* ein Gleichnis! Innere Bilder sind zuweilen wichtiger als reale Begebenheiten! Wie jemand am Morgen vom Schlaf sich wieder erhebt, so soll unsere Auf-Erstehung nach diesem Leben sein.

Wenn unsere Überlegungen zutreffen, dann müsste es neben dem Gleichnis der Auf-Erstehung weitere Bilder geben, die unsere Zukunft über den Tod hinaus ausdrücken. Vielleicht ebenso tiefe, die es bis jetzt nur noch nicht in unseren christlichen Festkalender geschafft haben! Und tatsächlich! In seinen Abschiedsreden nach Joh 14-17 vergleicht Jesus seinen Tod mit einer Geburt, die nach aller Not eine grosse Freude bewirkt (16, 20-22).

Warum also an Ostern nicht mal die Geburt als Gleichnis für neues Leben in der Ewigkeit bedenken? Wie im Frühling alles grünt und blüht, die Vegetation aus der Mutter Erde gleichsam neu ersteht (für viele auch ein Bild für Ostern geworden), so erblicken während des Jahres Tag für Tag, Woche für Woche, Monat für Monat viele kleine Menschenwesen „das Licht der Welt“. Können sie Gleichnis für ein Leben in der Ewigkeit bei Gott sein?

Susanne Heine beschreibt den Gottesglauben der Christen im Blick auf den Tod mit dem Satz „Du bist erwartet“. (Frank Worbs [hrsg.], Ganz Mensch bis zum Tod, Zürich 2009, S. 17). Wäre das nicht *das* gute Gefühl, in österlicher Gewissheit damit zu rechnen, dass ich nach dem Tod bei Gott erwartet werde wie ein Kind bei der Geburt von seinen Eltern? Mit allen ethischen Konsequenzen, dass ich für mein Leben vor Gott, der mich erwartet, verantwortlich bin?

Die enge Pforte

Martin Luther[51]

Hier fängt die enge Pforte an. Das muss ein jeder erwägen und darüber fröhlich werden. Denn sie ist wohl eng, aber nicht lang. Es geht hier zu, wie wenn ein Kind aus der kleinen Wohnung in seiner Mutter Leib mit Gefahr und Ängsten in diesen weiten Himmel und diese weite Erde geboren wird. So geht der Mensch durch die enge Pforte des Todes aus diesem Leben. Und obwohl die Welt, in der wir jetzt leben, gross und weit scheint, ist sie doch gegen den zukünftigen Himmel viel enger und kleiner als der Mutter Leib gegen den Himmel, den wir heute sehen. Darum heisst das Sterben der Christen eine „neue Geburt". Aber der enge Gang des Todes macht, dass uns dieses Leben weit und jenes eng erscheint. Christus sagt: „Eine Frau, wenn sie gebiert, hat Angst. Wenn sie aber genesen ist, denkt sie nicht mehr an die Angst, weil der Mensch in die Welt geboren ist." So muss man auch in der Angst des Sterbens erwägen, dass danach ein weiter Raum und grosse Freude sein wird.

---

[51] August Berz (Hrsg.), Du führst mit zum Leben. Grossdruck-Gebetbuch, Benziger Verlag Zürich 1988, S. 78.

Christus als Bräutigam – die Kirche als Braut

Evangelische Kurzpredigt im syrisch-orthodoxen Traugottesdienst[52] von Nataša Šakic und Fabio Sezer[53]

Dankgebet

Guter, treuer Gott,
Vater im Himmel,
wir danken Dir von Herzen,
dass Natascha und Fabio
sich in herzlicher Liebe gefunden haben
und Du sie beide immer wieder neu
zusammenführen willst in Treue,
Verbindlichkeit und gereifter Partnerschaft.

Wir danken Dir für ihre Eltern,
die sie aufgezogen haben,
für ihre Geschwister und Freunde,
die ihnen gute Kameraden waren,
ihren Fleiss, ihre Offenheit,
die sie zu dem gemacht haben,
was sie heute als strahlendes Paar sind.

---

[52] Die Trauung fand am 28.8.2010 in der römisch-katholischen St. Ursenkathedrale Solothurn statt.

[53] Die Braut ist serbisch-orthodox, der Bräutigam evangelisch-reformiert mit aramäischen Wurzeln. Die Liturgie wurde nach syrisch-orthodoxem Ritus gefeiert.

Ja, Vater im Himmel,
wir sind an diesem Tag
voller Freude,
voller Lob und Dank.
Amen.

Kurzpredigt zu Mt 18,20

Liebe Natascha, lieber Fabio,

ich weiss nicht, was jetzt wichtiger ist, ob Nataschas *Taufe* damals in der 4. Klasse mit ihren Brüdern in einem Kloster in Montenegro oder Fabios *Konfirmation* in unserer Worber Kirche, welche seine Taufe als Kind an der Schwelle zum Erwachsensein bestätigte. Jedenfalls seid Ihr beide den Weg mit Christus gegangen. Für Euch beide soll jetzt das Wort wieder aufleuchten, das ich Fabio damals bei seiner Konfirmation zugesprochen habe, ihm ganz persönlich. Christus spricht: *Das sollt ihr wissen. Ich bin immer bei euch, jeden Tag, bis zum Ende der Welt.* (Mt 18,20)[54]
Wer spricht denn da? Wer kann in solchem Mass bei jemand anderem sein, immer an jedem Tag bis ans Ende der Welt? Ja, das ist Christus, der Bräutigam seiner Braut, der Kirche. Es heisst in Eph 5, die Männer sollten die Frauen lieben, wie auch Christus die Kirche geliebt und sich für sie dahingegeben hat. Christus, der für seine Braut, die Kirche, sein Leben gelassen hat, wird den Männern als Vorbild

[54] Gute Nachricht, 1982, zur Stelle.

hingestellt, wie sie nun ihrerseits ihre Frauen lieben sollen. Die Frauen – hört gut zu! – haben diese Ermahnung des Apostels, den Partner zu lieben, offenbar nicht in gleichem Masse nötig. Ich denke, die Frauen seien von Natur aus eher hingebungsvoll liebend. Es mag mit der Geburt zusammenzuhängen, ich weiss es nicht. Aber den Männern, lieber Fabio, legt der Apostel zutiefst ans Herz, ihre Frauen zu lieben, während es für Natascha wohl selbstverständlich ist.

Liebe Natascha, fühlst Du Dich nun benachteiligt, dass Deine Liebe vom Apostel hier nicht angesprochen ist? Nein, Eure gegenseitige Liebe ist so präsent, so schön! Keine Rede von Benachteiligung des einen oder andern. Paulus sagt: „Dies ist ein grosses Geheimnis." (Eph 5, 32)

Ihr habt Euch als junge Menschen kennengelernt. Natascha tanzt mit Leib und Seele, und sucht einen Tanzpartner für den Gymerball. Ihren aufmerksamen Augen ist nicht entgangen, dass sich ein Schüler einer anderen Klasse, Fabio, ebenso zierlich bewegt. Dieser *muss* kommen, eingeladen, auf ihn gewartet werden. Und er kommt. So beginnt eine der vielen Liebesgeschichten zwischen zwei Menschen, die uns berühren. Jede solche Geschichte ist wieder anders, ein sichtbares Wirken des Schöpfers unter uns Menschen.

Fabio revanchiert sich, und wie! Wie die zwei Verliebten bei Verwandten in New York[55] Ferien verbringen, lädt er Natascha zu einem lockeren ganztägigen Spaziergang in der Weltstadt ein und

[55] Verwandte der aramäischen Christen in Worb (gegen 100 Personen) leben heute verstreut u.a. in der Schweiz, in Deutschland, Schweden und den USA.

führt sie gegen Abend noch ein wenig in den Central Park. Plötzlich fährt zur grossen Überraschug Nataschas, nicht aber Fabios, eine Kutsche mit weissen Pferden vor. Fabio geht vor seiner lieben Natascha auf die Knie und fragt sie: „Willst du mich heiraten?“ Ein klassisch inszenierter „Heiratsantrag“, wie die Jungen es heute wieder machen. Und Fabio und Natascha steigen ein, fahren zur Gastgeberin, wo nun auch für Fabio eine ungeahnte Überraschung wartet, nämlich ein fröhliches Fest mit Torte, Champagner und vielem anderem mehr.

So, liebe Gemeinde, liebes Brautpaar, nun sind wir uns wieder bewusst geworden, was ein Bräutigam ist und was eine Braut. Unsere Bibel spricht in Bildern und nimmt die schönsten aus unserem vergänglichen Leben, um uns die ewige Gegenwart, die ewige Liebe Gottes zu zeigen. Gott im Himmel und Christus auf Erden sind eins. Christus ist unser ewiger Bräutigam. Würde ein Bräutigam seine Braut je verlassen, geschweige denn im Stich lassen? *Das sollt ihr wissen. Ich bin immer bei euch, jeden Tag, bis zum Ende der Welt.* Amen.

Traufrage einmal anders[56]

Liebe NN und NN
in der Ehe seid Ihr
jeden Tag, der anbricht
auf Eurem Weg, wieder neu
einer dem andern
geschenkt von Gott

Wollt Ihr darum
auf jeder Station
Eures gemeinsamen Weges
füreinander da sein
und zueinander stehen
in Liebe und Treue?

Wollt Ihr,
je und je neu,
wie Ihr seid,
in allen Vorzügen
und in allen Schwächen,
einander annehmen?

---

[56] Bewusst steht hier die Gegenwärtigkeit der Beziehung im Zentrum, nicht wie in den „klassischen" evangelischen, katholischen und orthodoxen Liturgien die Dauer, wie zB (leider) auch in: Peter Klever, Sei ein Licht auf unseren Wegen. Anregungen für Brautpaare, die ihre Trauung mitgestalten wollen, Verlag Ernst Kaufmann, Lahr 9. Aufl. 1999, S. 9-10.

Dass also der eine
den andern gelten lässt
in seiner eigenen Meinung
und auch in seinem Tun,
dass Ihr nicht aufhören wollt,
einander zu verstehn?

Hochzeitssegen[57]

Wir preisen dich, Gott,
der du Mann und Frau
zur Liebe füreinander geschaffen.
Dich preisen wir,
Schöpfer der Liebe,
wenn wir die Anmut Liebender sehen.

Wir preisen dich, Gott,
der du Mann und Frau
zur Liebe füreinander geschaffen.
Erlös uns aus
Hass und Gewalttat,
die ungelebter Liebe entspringen.

Wir preisen dich, Gott,
der du Mann und Frau
zur Liebe füreinander geschaffen.
Erweiche die
Harten durch Liebe,
damit wir lernen, menschlich zu leben.

[57] Kurt Marti, in: Martin Schmeisser (Hrsg.), Gesegneter Weg. Segenstexte und Segensgesten, Eschbach/Markgräflerland, Verlag am Eschbach, 1997, S. 54-55.

Wir preisen dich, Gott,
der du Mann und Frau
zur Liebe füreinander geschaffen.
Ach, mache die
Traurigen fröhlich
durch Freude, die die Traurigkeit wandelt.

Wir preisen dich, Gott,
der du Mann und Frau
zur Liebe füreinander geschaffen.
Erbarme dich
unserer Ehen,
wenn diese in Gewohnheit verkümmern.

Wir preisen dich, Gott,
der du Mann und Frau
zur Liebe füreinander geschaffen.
Und lasse auch
die, die allein sind,
zur Liebe finden, die sie ersehnen.

Siehe, ich mache alles neu (I)

Abdankung[58] Thildi Schneiter-Zenger[59]

Lebenslauf

Thildi Schneiter wurde am 10. Oktober 1920 in Meiringen geboren. Sie war das jüngste Kind des Andreas und der Martha Zenger-Huggler. Hanni, ihre Schwester, war acht, Robi, ihr Bruder, drei Jahre älter als sie. Der Vater arbeitete als Lokomotivheizer und später als Vorarbeiter im Depot der Brünigbahn und führte vierzig Jahre lang die Geschäfte der Grütlikrankenkasse in Meiringen. Die Mutter nähte als gelernte Schneiderin neben dem Haushalt für eine grosse Kundschaft Kleider.

Aus Thildis Schulzeit kamen in ihren persönlichen Papieren nur beste Zeugnisse zum Vorschein. Wer sie später näher kannte, merkte bald einmal, dass sie eine Frau mit Herz, Kultur und Verstand war. Nach der Konfirmation lernte sie wie ihre Mutter den Beruf einer Damenschneiderin.

Wie Jahre zuvor ihre Schwester Hanni hätte sie 1939 ein Englandjahr absolvieren wollen. Bereits als alles in die Wege geleitet war, durchkreuzte der Krieg ihren Lebenstraum. So musste sie sich mit einem Welschlandjahr in Neuenburg begnügen. Schon nur durch die Berufe des Grossvaters und des Vaters war ihr ein weiter Blick in die Welt

---

[58] Aus der Trauerfeier vom 18.6.2012 in der Evangelisch-reformierten Kirche Worb.

[59] Frau Schneiter starb in ihrem 92. Lebensjahr. Die Angehörigen haben mich optimal über Einzelheiten ihres Lebens orientiert.

gegeben. Der Grossvater kutschierte 40 Jahre lang bis 1921 als letzter Postillon Gäste aus aller Herren Länder 5-spännig über den Grimselpass. Der Vater war mit seinem Beruf auch für Touristen aus aller Welt da und war langjähriger Gemeinderat im Ferienort Meiringen.

In den Freilichtspielen des Oberhasler Dichters Fritz Ringgenberg spielte Thildi in jungen Jahren Hauptrollen, zum Beispiel Adelheid Spillmatter, die Tochter des Nidwaldner Landamanns Hans Spillmatter im Winkelried-Drama „Sempach". Eine Foto aus dieser Aufführung, ein bemerkenswert markantes Porträt, welches der Familie erhalten geblieben ist, ging als Werbebild in der damaligen „Schweizer Illustrierten" durch die ganze Schweiz. In jungen Jahren war Thildi auch eine begeisterte Skifahrerin, die mit ihrem Bruder und dessen Freunden viele Skitouren unternahm.

Als Hanni im Gasthof Sternen in Worb arbeitete, nahm auch Thildi hier eine Stelle an. Gleich über die Strasse wohnte eine Witwe, die mit ihren zwei Söhnen eine „Drogerie und Spezerei" führte. Zwischen Ernst, dem jüngeren der beiden, welcher Drogist gelernt hatte, und der jungen Haslitalerin entstand eine schöne Verbindung. Man verlobte sich, und am 14. Juli 1944 durfte die Hochzeit gefeiert werden.

Der Ehe wurden zwei Söhne geschenkt: Peter und Urs. Frau Thildi Schneiter wurde zu einer tüchtigen Geschäftsfrau, die ihre Knaben liebevoll aufzog und förderte. Das Besorgen des Gemüsegartens am Abend nach Ladenschluss war ihre Erholung! Auch mit der Familie der langjährigen Hausangestellten Bianca Mazzola-Boccani entstand eine Freundschaft, die sich bis zum heutigen Tag erhalten hat. Neben dem Französischen sprach Frau Schneiter auch fliessend italienisch. An Weihnachten hatten Schneiters manchmal 20 Personen zu Gast, fast alle sprachen – wie eben Bianca – italienisch miteinander. Ist es Zufall, dass ihre beiden Söhne auch wieder weltoffen heirateten? Mari-Fé, die Frau von Urs, kommt aus Galizien/Spanien; Peters Frau Bente aus Dänemark.

Weil ihr Mann Ernst lange Zeiten von Krankheit mit Spitalaufenthalten durchmachen musste, war Frau Schneiter besonders gefordert. Bereits in den 40-er Jahren und dann wieder ab 1960 weilte Ernst mehrere Jahre im Berner Tiefenauspital, in der Höhenklinik Heiligenschwendi und sogar in Lausanne. Eine Operation blieb nicht ohne schlimme Folgen, und 1984 wurde er der Familie durch den Tod entrissen.

Sohn Urs hatte das Geschäft schon vor dem Tod des Vaters übernommen. Noch bis etwa 70 half Frau Schneiter im Geschäft mit. Sie hatte früher auch ihre gesundheitlich angeschlagene Mutter mit dem Vater von Meiringen nach Worb geholt. Für sieben Jahre fanden er (bis zu seinem Tod 1965) und die Mutter bis zu ihrem 93. Lebensjahr bei Schneiters ein schönes Altersdaheim. Die Verbindung zum Haslital wurde von Worb aus gepflegt. Es wird für Frau Thildi Schneiter bei allem Einsatz für ihre Eltern auch befriedigend gewesen sein, ihnen einen schönen Lebensabend ermöglicht zu haben. Sie durften in der eigenen Herkunftsgegend, dem Haslital, weiterhin verwurzelt bleiben.

Nach der Geschäftsübergabe wohnten Ernst und Thildi Schneiter zwei Jahre an der Kreuzgasse in unmittelbarer Nähe des Geschäftes. Dann – nach dem Tod von Ernst – zog Frau Schneiter in den „Oberliblock“ (auch in der unmittelbaren Nachbarschaft). Und die letzten 8 Jahre lebte sie an der Schulhausstrasse 57b. Sie dachte zuerst, sie sei hier fast zu weit vom Dorf entfernt. Umso mehr freute sie sich über neue Kontakte, Nachbarschaft erleben zu dürfen und über alle Zuneigung, die ihr dort entgegengebracht wurde. Sie hatte es schön und gediegen in der neuen Wohnung. Jeden Tag kleidete sie sich gut, kochte mittags und abends ein Menü, deckte sorgfältig den Tisch, hatte alles genau bereit. Alles Administrative wie Zahlungen, Korrespondenz mit Versicherungen, Krankenkasse, Steuerwesen usw. erledigte sie selbständig. Politische Sendungen im Fernsehen wie die „Arena“ und dergleichen verpasste sie selten, auch wenn ihr Urteil über Politiker im Allgemeinen ziemlich eindeutig war („da'scht e chlyn äs Gschtirm“).[60] Wenn ich als Pfarrer zu Besuch kam und sie mir einen Cognac anbieten konnte, hatte sie besonders Freude, wenn ich nicht nein sagte.

Bis zum 88. Lebensjahr fuhr sie fast jährlich mit der Familie der Söhne in die Heimatländer ihrer Ehefrauen nach Spanien oder Dänemark und manchmal sogar noch weiter nördlich nach Schweden und Norwegen.

---

[60] Oberhasli-Dialekt.

Ein letzter Höhepunkt war ihr 90. Geburtstag, zu dem sie alle ihre engsten Verwandten und alle ihre zahlreichen Patenkinder mit deren Lebenspartnern eingeladen hatte.

Schon 1997 zog sich Frau Schneiter an einem Geburtstagsessen in der „Brauerei“ Worb einen Schenkelhalsbruch zu. Ebenfalls ein Sturz wurde ihr letzte Woche zum Verhängnis. Sie brach sich ein Bein schwer. Zum Glück konnte sie per Telealarm am Arm Sohn Urs anrufen, der die Drogerie noch heute führt. Im Berner Inselspital wurde noch mit einer Notoperation versucht, ihr Lebensqualität zurückzugeben; aber Herz und Nieren konnten nicht mehr mithalten.

Sie haben sie nicht alleine gelassen! Tag und Nacht war jemand bei ihr. Am Freitag fragte sie Sie noch nach Ihren Ferienvorbereitungen. Mit den Grosskindern Helga und Marco tauschte sie Erinnerungen an gemeinsame Ferien aus. Am Sonntag waren Sie alle bei ihr. Sie kannte Sie, war bis zuletzt wach. Am Montagabend, um 22.35 Uhr, konnte sie sterben, den Lauf gehen lassen, wie es uns allen einmal ergeht – nach einem bewegten, tätigen, nicht unbeschwerten, aber überaus Liebe-vollen Leben.

Dadirchi geid myn Wäg./ Keina chan mid mer tüüschen.
Tüün dü mer d'Tiren üf,/ Herrgott! En einzga Schtärnen
zindt an mer als Latärnen und tüön mer d'Tiren üf. [61]

(Fritz Ringgenberg)

---

[61] Zur Verfügung gestellt von der Trauerfamilie.

Predigt zu Offb 21,5

Christus spricht: *Siehe, ich mache alles neu!* (Offb 21, 5)

Liebe Trauerfamilie, liebe mittrauernde Gemeinde,
nach einem wahren Drama des Kampfes zwischen Gut und Böse, Licht und Finsternis, Erlösung oder Verwerfung in der Seele des Johannes, sagt Christus: *Siehe, ich mache alles neu.* Klar, es ist der Mensch Johannes, der alle diese Bilder und Worte, Visionen und Auditionen erlebte, welche den letzten Lauf der Welt zum Thema haben. Es war sein *eigenes* Erleben.

Er lebte zur Zeit der Verfolgungen, die in den ersten Jahrzehnten über die sprunghaft wachsende Christenheit hereinbrachen. Er kam auf die Insel Patmos und hatte dort einerseits sehr *tröstliche Christusvisionen*, andererseits *schreckliche Phantasien* über das, was nach dem Tod und in der letzten Zeit der Welt passieren werde, Ängste, wie sie manchmal auch Sterbende befallen können. Wie sind wir froh, dass Ihre Mutter und Grossmutter trotz ihres verhängnisvollen Sturzes doch recht gnädig sterben durfte!

Es verwundert meines Erachtens nicht, dass ein Traumatisierter wie Johannes im Exil solche Alpträume erlebte. Wenn schon etwas wirklich erstaunt, dann aus heutiger Sicht eher, wie später Jahrhunderte lang Kirchen diese dunklen Phantasien für bare Münze nahmen und daraus ein System von Himmel und Hölle, Gnade und Verdammnis, ewigen Freuden oder unaufhörlichen Qualen in der Ewigkeit konstruierten.

Wir nehmen aus dem biblischen Buch der Offenbarung, was uns in diesen Visionen die Gestalt des himmlischen Jesus als Trost vermittelt, gibt es in unserem persönlichen Leben und in der Welt doch auch viel Schweres. Das Schwere, Böse, Finstere gehört eben auch zur Wirklichkeit. Johannes lehrt uns, es nicht zu verdrängen.

In der letzten der vielen Visionen sagt Christus nach langem Hin und Her im Kampf zwischen Licht und Finsternis, zwischen Gut und Böse, zwischen den Freuden der Seligen und den Schrecken der Widersacher: *Gott wird alle Tränen abwischen von ihren Augen. Und der Tod wird nicht mehr sein. Siehe, ich mache alles neu.*

In einem weltumfassenden, kosmischen Sinn soll eine Wende zum Guten, zum Frieden, zur letztgültigen Liebe kommen. Gott ist Liebe, die Liebe selbst, die Liebe in höchster Person (vgl. 1Joh 4,8.16), Mensch geworden und auferstanden im Sohn! Ein weiterer Blick auf die Zukunft, auch auf die Ewigkeit, kann es fast nicht geben!

Der moderne Mensch befasst sich in der Regel zwar kaum mit diesen letzten Dingen. Er ist am Messbaren, Sichtbaren, Äusseren interessiert. Er ist geschult in naturwissenschaftlichem Denken, steht dagegen oft recht ratlos vor den seelischen und spirituellen Phänomenen. Vielen sind die Vorstellungen des Johannes, dem Seher von Patmos, fremd; wohl gerade darum, weil man sie immer noch mit äusserer Wirklichkeit verwechselt.

Siehe, ich mache alles neu! Dieser Zentralsatz aus der Bibel kam mir in den Sinn, als ich noch einmal vor mir sah, was mir Frau Schneiter aus ihrem Leben und aus ihrer Familie so alles erzählte. Erfahrungen, dass etwas neu wird, machen wir schon mitten im Leben; hier, gleichsam als Vorspiel zur erhofften Totalinnovation in der Ewigkeit, wobei wir ja immer nur in Gleichnissen und Bildern solche Geheimnisse fassen können. Sie wirken aber zurück, werfen ihr Licht schon in unser normales Leben.

Vom Sterben sagen wir ja auch, es widerfahre uns nicht erst beim biologischen Tod. Sterben lernen muss man schon mitten im Leben, wenn man liebe Menschen verliert, Krankheiten einem die Gesundheit rauben, das Alter mich einschränkt, dass ich schmerzlich verzichten lernen muss. Aber immer wieder geht auch nach einer Nacht wieder die Sonne auf, wenn wir es in uns drin nur geschehen lassen. Und es darf zu einem Neuanfang kommen.

Mir kam der Grossvater von Frau Schneiter in den Sinn, von dem sie mir erzählte. Er war der letzte Postillon über die Grimsel nach Gletsch. Der 19. Juni 1921 ging in die Geschichte des Tales ein. Das erste Postauto fuhr von Meringen hinauf zum Hospiz, ein historischer Tag. „Es war über Nacht Neuschnee auf die blühenden Alpenrosen gefallen, der Wind pfiff scharf über die Gräte und dann fuhr man in einen Nebel hinein, den man mit dem Löffel hätte abstechen können. Die Leute standen neugierig und in ausgesprochen sympathisierender Haltung an der Strasse. Nur der Postillon … machte ein saures Gesicht… Das ist der Lauf der Welt.“[62]

[62] Zeitungsausschnitt, zur Verfügung gestellt von der Trauerfamilie.

Wie eine Illustration dazu, dass Christus in der Offenbarung am Ende der Zeit sagt, er mache alles neu? Das Alte muss weichen, das Neue sich manchmal mit schmerzlichen Wehen durchsetzten. Dres Zenger senior musste seinen ganzen Stolz als Postillon, seinen geliebten, spannenden Beruf, den er über 40 Jahre ausgeübt hatte, drangeben, damit das Neue kommen konnte. Er musste seiner grossen Leidenschaft, dem Postkutschenfahren, absterben. Noch kurz vor seinem Tod (1941) reichte wegen dem Krieg das rationierte Benzin für die Postautos nicht mehr. Da meinte er: „Wenn ich nicht alt wäre und gesunde Knochen hätte, dann würde ich bei Gott wieder zur Peitsche greifen und die Fahrt antreten.“[63]

Auch sein Sohn mit gleichem Vornamen, der Vater Thildis, erlebte eine einschneidende Neuerung. Als er Heizer bei der Brünigbahn war, wurde durch die Elektrifizierung der Bahn sein Posten überflüssig. Aber auf ihn wartete Neues, eine neue Stelle als Vorarbeiter, Europa befand sich in der neuen Epoche der elektrischen Lokomotiven, Maschinen und Apparate.

Er und die Mutter von Hanni, Robi und Thildi setzten sich auch sozial für Arme, für Mündel, für Meiringer im Oberländischen „Armenheim“ Utzigen ein. Frau Schneiter erzählte mir, wie sie vor Weihnachten als Kinder jeweilen helfen durften, für die „Utziger“ Geschenkpäckli zu machen. Die Männer bekamen Tabak, die Frauen Schockolade zum Grittibänz. Der Vater war auch Kirchgemeinderat und Kirchgemeindepräsident.

---

[63] S. Anm. 62.

Darum erzählte ich Frau Schneiter von einem Roman von Jeremias Gotthelf, in welchem in Meiringen das Entscheidende im Leben der Hauptperson geschieht. Ich gab ihr dieses Buch zum Lesen: „Jakobs Wanderungen durch die Schweiz".[64] Sein Inhalt zeigt, wie Neuwerden – zweite Geburt – durch Christus schon hier in unserem irdischen Leben geschehen kann.

Jakob verabschiedet sich von seiner frommen Grossmutter in Deutschland und geht als Wandergeselle auf die Walz in die Schweiz, kommt in den Städten Basel, Zürich, Lausanne und Genf aber in schlechte Gesellschaft, wird ein „gottloser Kommunist" und stürzt mit Alkohol und freier Liebe ab, wie es zur Zeit Gotthelfs mit deutschen Wandergesellen häufig der Fall gewesen sei, damals angeblich ein landesweites Problem.[65]

Aber langsam fängt Jakob an, sich nach einem besseren Leben zu sehnen. Er kommt über Montreux, Spiez, Interlaken, Lauterbrunnen nahe an die Alpen. Auf dem Weg über die kleine Scheidegg taucht die Jungfrau vor ihm auf: „Als er oben war, da stand vor ihm der mächtigste der Berge; wie der Geist der Welt (d.h. Gott) kam der ihm vor, es war ihm, als wolle derselbe ihn fragen: ‚Du, Jakob, bist du auch hier, willst du nun mein sein?'"[66]

---

[64] Gildenbibliothek der Weltliteratur, Büchergilde Gutenberg, Zürich, o.J.

[65] S. Hanns Peter Holl, „Jakobs Wanderungen durch die Schweiz. Ein unbekannter Roman von Jeremias Gotthelf", Alpenhornkalender 1997, Brattig für das Emmental, hrsg. von Markus F. Rubli, Verlag Alpenhorn-Kalender Langnau, S. 88-92.

[66] aaO S.282.

Tief beeindruckt von diesem Erlebnis und der vielfältigen, reichen Alpenwelt kommt Jakob über die grosse Scheidegg nach Meiringen, bekommt bei einem Meister gleich neben der Kirche Arbeit, Unterkunft und Familienanschluss. Er lernt dessen Töchter kennen, die mit ihrem Vater und ihrer Mutter fleissig den Gottesdienst besuchen, Gott suchen. Er verliebt sich in eine, setzt sich mit ihr und mit ihrem christlichen Glauben in langen Gesprächen auseinander. Auch am Familientisch wird rege diskutiert. Jakob findet Gefallen an den Predigten des Pfarrers. Über Karfreitag und Ostern kapiert er den christlichen Glauben wie nie zuvor. Und sein Leben wird ganz neu. *Siehe, ich mache alles neu,* nicht erst im Himmel, sondern schon hier auf Erden…

Die Bekehrung des Gotthelf'schen Wandergesellen Jakob in Meiringen weist auf eine noch viel radikalere Wende hin, als es das Aufkommen von neuen Postautos oder die Elektrifizierung der Bahnen in Europa darstellt. Sie betrifft den *inneren* Menschen. Sie geht so weit, dass Jakob es akzeptiert, dass ihn seine Angebetete schliesslich zurückweist mit der Begründung: Wenn er auch nur vermutungsweise durch sie und wegen ihr zum Glauben gefunden habe, dann sei seine Umkehr doch nicht ganz echt. Er solle weiterziehen, zurück in seine Heimat, sich dort als Meister bewähren und dereinst mit Frau und Kindern ein wahrhaft christliches Leben führen.

Das *Siehe-ich-mache-alles-neu* hier auf Erden kann nicht eine reine Gefühlsangelegenheit sein. Es muss tiefer gehen, den Lebensweg prägen. Jakob ist gewandelt, ein neuer Mensch. Aus einem Gesellen ist ein Meister geworden, und ein mündiger Christ. Was bei Gotthelf hier manchmal ein bisschen bieder daherkommt, trägt seine Wahrheit trotzdem in sich: Im Glauben können wir das Leben besser bewältigen. Nehmen wir auch im Vertrauen auf Gott und seine neuschaffende Kraft heute Abschied von Frau Schneiter! Amen.

Gebet[67]

Wir danken Dir, Gott,
für Thildi Schneiter,
die uns so nahe war

und uns so viel bedeutete,
die uns jetzt weggenommen ist,
dass wir sie ziehen lassen müssen
in die grosse Ewigkeit.

Wir danken Dir für alle Liebe,
die sie uns schenkte,
für alle Freundschaft,
die wir von ihr erfuhren,
für ihr weites Herz.

Hilf uns, im Blick
auf unseren Tod
und unser eigenes Sterben

[67] S. oben S. 40, Anm. 37.

Vertrauen zu fassen in Dich
und in die Hilfe von Christus.

Wir bitten Dich, dass wir,
die wir mit Frau Schneiter
verbunden waren, jetzt
auch gerade wegen ihres Todes
weiterhin verbunden bleiben. Amen.

Psalm 73: Geborgen in Gott

Nun bleibe ich stets bei Dir,
Du hältst mich bei Deiner rechten Hand.

Du leitest mich nach Deinem Ratschluss
und nimmst mich hernach in die Herrlichkeit.

Wen hätte ich im Himmel ausser dir?
Wenn ich Dich habe, so wünsche ich
nichts auf Erden.

Mag Leib und Sinn mir schwinden,
Gott ist ewiglich mein Fels und mein Teil.[68]

---

[68] Psalm 73, 23-25, nach August Berz aaO, S. 145.

Gottes Zorn – Gottes Gnade

Gottesdienst zu Psalm 30,1-13[69]

Gruss

Du hast mir meine Klage in Reigen verwandelt, mein Trauergewand gelöst und mich mit Freude umgürtet. (Psalm 30,12)

Lesung Psalm 30,1-13[70]

Ein Psalm. Ein Lied zur Tempelweihe. Von David.
Ich will dich erheben, HERR,
denn du hast mich aus der Tiefe gezogen
und meine Feinde nicht über mich triumphieren lassen.

HERR, mein Gott, ich schrie zu dir,
und du hast mich geheilt.

Du hast mich heraufgeholt aus dem Totenreich,
zum Leben mich zurückgerufen von denen,
die hinab zur Grube fuhren.

Singt dem HERRN, ihr seine Getreuen,
und preist seinen heiligen Namen.

Denn sein Zorn währt einen Augenblick,
ein Leben lang aber seine Gnade;
am Abend ist Weinen,

---

[69] Aus dem Gottesdienst vom 9.10. 2011 in der Evangelisch-reformierten Kirche Worb.
[70] Gekürzt.

doch mit dem Morgen kommt Jubel.

Zu dir, HERR, rief ich, ich flehte zu meinem Gott.

Da hast du mir meine Klage in Reigen verwandelt,

mein Trauergewand gelöst und mich mit Freude umgürtet,

damit mein Herz dir singe und nicht verstumme.

HERR, mein Gott, in Ewigkeit will ich dich preisen.

Gebet

Höchster Gott,

da sind wir zusammen,
um Dich zu loben
und zu preisen,
Dir zu danken
für Deine Wege mit uns,
die uns manchmal tief unten durch führen.

Wir danken Dir
für die Gemeinschaft im Gottesdienst,
für die Lieder
aus dem reichen Schatz der Christenheit,
für Dein Wort, das uns immer wieder neu
herausfordert und tröstet.

Lass uns Dein Reden
wenigstens annähernd verstehen
und Wege finden,
Dir besser zu dienen. Amen.

Lesung:

Martin Luthers Erfahrung des zornigen und gnädigen Gottes[71]

„Ich, der ich, so untadelig ich auch als Mönch lebte, vor Gott mich als Sünder von unruhigstem Gewissen fühlte, liebte nicht, nein, hasste den gerechten und die Sünder strafenden Gott und war im stillen, wenn nicht mit Lästerung, so doch allerdings mit ungeheurem Murren empört über Gott: Als ob es wahrhaftig nicht genug sei, dass die elenden und infolge der Erbsünde auf ewig verlorenen Sünder mit lauter Unheil zu Boden geworfen sind durch das Gesetz der zehn Gebote, vielmehr Gott durch das Evangelium zum Schmerz noch Schmerz hinzufüge und auch durch das Evangelium uns mit seiner Gerechtigkeit und seinem Zorn bedrohe. So klopfte ich beharrlich an eben dieser Stelle (d.h. Röm 1,16) bei Paulus an mit glühend heissem Durst, zu erfahren, was St. Paulus wollte.

Bis ich, dank Gottes Erbarmen, unablässig Tag und Nacht darüber nachdenkend, auf den Zusammenhang der Worte aufmerksam wurde, nämlich: Gottes Gerechtigkeit wird darin offenbart, wie geschrieben steht: ‚Der Gerechte lebt aus Glauben.' Da begann ich, die Gerechtigkeit Gottes zu verstehen als die, durch die der Gerechte lebt, nämlich aus Glauben. Da hatte ich das Empfinden, ich sei geradezu von neuem geboren und durch geöffnete Tore in das Paradies selbst eingetreten."

---

[71] Martin Luther, Vorrede zum ersten Band der Wittenberger Ausgabe der deutschen Schriften Luthers. 1539, in: Karin Bornkamm/Gerhard Ebeling, Martin Luther. Ausgewählte Schriften, Bd. 1: Aufbruch zur Reformation, Insel Verlag Frankfurt am Main, 2. Aufl. 1983, S. 22-23 (gekürzt). Vgl. Alfred F. Zimmermann, Das Dunkle im Gottesbild bei C.G. Jung, S. 112-113.137-145.

Predigt zu Psalm 30,6

Denn sein Zorn währt einen Augenblick, ein Leben lang seine Gnade; am Abend ist Weinen, doch mit dem Morgen kommt Jubel. (Psalm 30,6)

Liebe Gemeinde,

wir haben also das Zeugnis eines Psalms[72] vor uns, wie Gott aus der Enge, aus dem Druck befreit. Und wir hörten aus einem Text Martin Luthers, wie auch er durch Kämpfe hindurch zu einem Glauben fand, der wahrhaftig Berge versetzte, dass halb Europa glaubensmässig anders wurde, freier, schriftgemässer, mündiger und im besten Sinn weltlicher.

Schon im Eingangswort begegneten wir dem Psalmsänger, der erlebt, wie er aus dem Trauerkleid hat schlüpfen können, er mit Freude umgürtet wurde und aus der Niedergeschlagenheit Tänze geworden sind.

Was für eine Wandlung in diesem Menschen! Er war tief unten, getroffen von einer Krankheit.[73] Aber Gott zog ihn herauf. Er wähnte sich schon im Totenreich, Gott aber rief ihn zum Leben zurück. Wie traf es ihn, als Gott sich von ihm offenbar abwandte, das göttliche Antlitz verhüllte; er aber rief, er flehte zu diesem Gott, der ja keine menschliche Gestalt hat. Wie wollen wir anders von ihm reden, als in

---

[72] S. Stefan H. Wälchli, Gottes Zorn in den Psalmen.

[73] Hans-Joachim Kraus, Psalmen I, S. 385-391. Stefan H. Wälchli aaO S. 49-50.

menschlichen Bildern, Gleichnissen, in Vorstellungen, die wir uns von ihm machen?

Und die tiefste Schicht, wenn man so sagen könnte, zwischen diesem Menschen und seinem Gott, spricht jetzt unser 6. Vers an: *Sein Zorn währt einen Augenblick, ein Leben lang seine Gnade.*

Über diesem erlösenden Satz, wie er nach der Befreiung ausgesprochen ist, könnte man jetzt an sich den Zorn Gottes fast vergessen. Er ist vorbei. Er dauerte im Nachhinein gesehen nur einen kurzen Moment, im Gegensatz zur Gnade, die ein Leben lang gilt. Aber wir wissen es nur zu gut: Gerade der gewissenhafte religiöse Mensch leidet seit je her unter dem Eindruck, Gott sei in Zorn über ihn, weil er immer wieder sündigt und am Gebot und Willen der höchsten Instanz vorbei lebt.

Die alte Geschichte von Adam und Eva, ihrem Fall, kommt uns in den Sinn. Sie wirkt durch die ganze Bibel hindurch immer wieder nach, zB im 90. Psalm, wo es heisst: *Wir vergehen durch deinen Zorn, fahren plötzlich dahin durch deinen Grimm.* Der Tod erscheint als logische Konsequenz des Sündenfalls, wie es auch bei Paulus noch der Fall ist: *Der Tod ist der Sünde Sold.* (Röm 6,23)

Heute denken wir in aller Regel anders über den Tod. Es wird gesagt, er sei etwas natürliches. Das ist ein anderer Gesichtspunkt. Steve Jops, der Gründer der PC-Firma Apple, der gerade diese Woche seinem langen Krebsleiden erlag, sagte, der Tod sei der beste Erfinder des Lebens, also nicht eine Strafe, letztlich ein Segen. So ganz wohl ist es uns dabei vielleicht doch nicht. Ist das nicht Schönfärberei? Jedenfalls bleibt der Tod ein Geheimnis, ein Rätsel.

Wie lässt sich diese dunkle Seite Gottes besänftigen, dass er uns sterben lässt? Ist Gott immer nur gut und „lieb“? Schauen wir nur die Naturkatastrophen an! Da fragen wir uns manchmal: warum? Wie kann Gott so etwas zulassen? Oder die unverständlichen Schicksalsschläge im Leben von Menschen, die wir kennen und lieben…

Im meiner ersten Gemeinde kam ein junger Bauer in der Altjahrswoche beim Holzen um, seiner Mutter blieb nur noch ein zweiter Sohn, von der jetzt vaterlos gewordenen jungen Familie noch abgesehen. Und keine vier Wochen später kommt das Telefon, ihr zweiter Sohn sei ebenfalls beim Holzfällen ums Leben gekommen. Nicht zu fassen, nicht zu verstehen, wie das Schicksal auch im Kleinen zuschlagen kann! Ist da Gott noch gut, gerecht, „lieb“, oder erfahren wir IHN dann nicht als unberechbare, zornige höchste Macht?

Wichtig, liebe Gemeinde, scheint mir, dass wir unterscheiden zwischen Gott, wie wir uns ihn vorstellen, zwischen den Bildern, die wir uns in unserem Inneren von ihm machen, und Gott selber, der ein unergründliches Geheimnis ist. Gerade jene Menschen, die ihrer Zeit das klare Licht des Glaubens bringen konnten, mussten vor ihrer entscheidenden Wende oft richtiggehend durch eine Hölle, da sie GOTT als Strafenden, Zornigen, absolut strengen HERR erlebten. Martin Luther schrieb 1518 an anderer Stelle, Gott sei ihm fürchterlich in seinem Zorn erschienen. „Da erscheint Gott furchtbar in seinem Zorn… Da gibt's keine Flucht, keinen Trost… Es bleibt nur nacktes Verlangen nach Hilfe und grauenhaftes Seufzen … Da ist die Seele ausgespannt mit (dem gekreuzigten) Christus."[74]

Das sehen wir auch in unserem Psalm. Der Psalmsänger sieht sich im Grab. *Kann denn Staub dich preisen?* Gott habe ihn nicht nur aus der Tiefe gezogen, nein: *Aus dem Totenreich hast du mich herausgeholt.* Noch an anderer Stelle sagt Luther, wir könnten nicht gen Himmel kommen, wir müssten denn vorhin in die Hölle fahren.[75]

Es ist fast wie ein Gesetz bei glaubenserprobten Menschen, dass sie durch Leiden und Leid, durch Nebel und innere Nacht hindurch reif wurden für den Dienst an der Welt. Neben David und Martin Luther zum Beispiel auch Teresa von Avila, die im katholischen Spanien zur Zeit Luthers nach etlichen Jahren Ordensleben eine Vision vom gekreuzigten Jesus erlebte: wie er voller Wunden war. Sie konnte nur noch gleichsam endlos schluchzen und weinen und Jesus bitten, ihr ihre Sünden zu vergeben. In ihrem Kreis redete man später davon, dass man zu wahrer Einsicht im Glauben, zur Erfahrung der überreichen Gnade und Barmherzigkeit Gottes nur kommen kann, wenn man „finstere Nacht" im eigenen Inneren erfahren hat.[76]

---

[74] Zitiert nach Andreas Schweizer, Fahre hin mit deinem Geist, S. 58 (WA 1, 557,33ff).

[75] Andreas Schweizer aaO, S.55f (WA 31,1,249).

[76] Alfred F. Zimmermann, Das Dunkle im Gottesbild bei C.G. Jung, S. 124-136. Klassiker der „finsteren Nacht" in der Mystik: Johannes vom Kreuz, Die dunkle Nacht (hrsg. von Ulrich Dobhan OCD u.a.). Johannes vom Kreuz arbeitete eng mit Teresa von Avila zusammen.

Und so war es bei Paulus, bei Franz von Assisi, bei Bruder Klaus, bei Martin Luther King, auch Nelson Mandela. Ich durfte mich in einer längeren Weiterbildung speziell mit diesen Erneuerern des Glaubens und der Gesellschaft befassen, die wie der Dichter des 30. Psalms Gott ihre ganze Person hingaben, dass sie auf Biegen und Brechen auch mit dem dunklen Gott klar kamen.

Es geht mir aber nicht nur um ausserordentliche Persönlichkeiten und Erfahrungen. Wir alle erleben wohl solche Zeiten von innerem Ringen, „dunkler Nacht“, von Zweifeln: Wie kann Gott auch nur? Wir erleben – mit den Worten unseres Psalms – Gottes Zorn. Stehen wir dazu! Das ist aber nicht das letzte Wort!

Weil wir als Menschen, die Anteil haben an der schwachen, vergänglichen Natur, am Leiden und Leid der Welt nicht vorbeikommen, bilden wir uns ein, Gott sei zornig, böse, strafend. Das war schon beim Dichter der Adam- und Eva-Geschichte mit dem Symbol des „Sündenfalls“ so. So kommt es auch in dem schweren 90. Psalm daher, aus dem ich zitierte. So führt es auch Paulus in seinen Auslegungen des Alten Testaments weiter. Und so erlebten es die grossen Gestalten der Kirchengeschichte immer wieder.

Aber *einer* erzählte uns, dass wir uns Gott auch noch anders vorstellen dürfen, tief in uns drin: GOTT ist in seinem Sohn Jesus Christus barmherzig, gnädig und voller Güte. Wir beten im UNSER VATER in jedem Gottesdienst von Gott als unserem zärtlichen und starken Vater, der nur das Beste für uns will. Man kann auch sagen, dass Gott wie eine gute Mutter ist, die für ihre Kinder uneingeschränkt da ist.[77] Gott selber aber ist ein Geheimnis. Und so ist Gott nach Jesus und nach dem Neuen Testament die absolute Liebe, die Liebe selber, die Liebe in höchster Person. Der Sohn kommt zu uns und verkündet statt Gericht Gnade, statt Anklage Vergebung, statt Feindschaft Versöhnung. Da ist nicht mehr Gesetz, da ist Evangelium. Das ist die höchste Gerechtigkeit, die sich im Evangelium offenbart.

Wer das einmal – durch eigene Erfahrungen hindurch – begriffen hat, ist ein neuer Mensch. Soll dieser neue Adam wie der alte noch Angst haben vor Gottes Zorn, der nach einer alten biblischen Erzählung das erste Menschenpaar aus dem Paradies gejagt hat? Der unseren Tod bewirken soll? Haben wir Gott nicht ganz anders kennengelernt? Hat der neue Mensch nicht Gottes Gnade und Barmherzigkeit erfahren?

Sein Zorn währt einen Augenblick, ein Leben lang seine Gnade; am Abend ist Weinen, doch mit dem Morgen kommt Jubel. Amen.

---

[77] S. o. S. 29 Anm. 101.

Gebet[78]

In den Tiefen, die kein Trost erreicht,
laß doch deine Treue mich erreichen.
In den Nächten, wo der Glaube weicht,
laß nicht deine Gnade von mir weichen.

Auf dem Weg, den keiner mit mir geht,
wenn zum Beten die Gedanken schwinden,
wenn mich kalt die Finsternis umweht,
wollest du in meiner Not mich finden.

Wenn die Seele wie ein irres Licht
flackert zwischen Werden und Vergehen,
wenn es mir an Trost und Rat gebricht,
wollest du an meiner Seite stehen.

Wenn ich deine Hand nicht fassen kann,
nimm die meine du in deine Hände,
nimm dich meiner Seele gnädig an,
führe mich zu einem guten Ende.[79]

[78] Es gibt auch neuere Psalmengebete. Hier zum Beispiel eines von Justus Delbrück, der mit Dietrich Bonhoeffer und andern zusammen im Dritten Reich Widerstand leistete und in einem sowjetischen Gefangenenlager 1945 starb.

[79] www.arche-heidelberg.de/gebete/tiefe.htm

Literatur:

Stephan H. Wälchli, Gottes Zorn in den Psalmen. Eine Studie zur Rede vom Zorn Gottes in den Psalmen…, Orbis Biblicus et Orientalis hrsg. von Susanne Bickel u.a., Academic Press Fribourg, Vandenhoeck & Ruprecht, Göttingen 2012

Hans-Joachim Kraus, Psalmen 1-59. Biblischer Kommentar Altes Testament, hrsg. von Siegfried Herrmann und Hans Walter Wolf, 1. Teilband, Neukirchener Verlag, Neukirchen-Vluyn, 5. Aufl. 1978

Andreas Schweizer, „Fare hin mit deinem geist an galgen!“ – Martin Luther und C.G. Jung, in: Eric Hornung/Andreas Schweizer, Der Mensch und sein Widersacher, Eranos 2001/2002, 2003, S. 43-77)

Alfred F. Zimmermann, Das Dunkle im Gottesbild bei C.G. Jung. Die Vision des aus dem Himmel zertrümmerten Basler Münsters 1987, Fromm Verlag Saarbrücken/Beau-Bassin 2011

Johannes vom Kreuz, Die dunkle Nacht. Vollständige Neuübersetzung, Sämtliche Werke Band 1 (hrsg. von Ulrich Dobhan u.a.), Herder Verlag Freiburg/Basel/Wien 4. Aufl. 1995

Mir ist Erbarmung widerfahren

Philipp Friedrich Hiller

Mir ist Erbarmung widerfahren,
Erbarmung, deren ich nicht wert.
Das zähl ich zu dem Wunderbaren;
mein stolzes Herz hat's nie begehrt.
Nun weiss ich das und bin erfreut
und rühme die Barmherzigkeit.

Ich hatte nichts als Zorn verdienet
und soll bei Gott in Gnaden sein;
Gott hat mich mit ihm selbst versühnet
und macht durchs Blut des Sohns mich rein,
nicht durch Verdienst der Kreatur:
Erbarmen ist's, Erbarmen nur.[80]

[80] Philipp Friedrich Hiller, 1767. Gesangbuch der Evangelisch-reformierten Kirchen der deutschsprachigen Schweiz, Nr. 209,1+2.

Gott baut ein Haus, das lebt

Predigt zu 1.Kor. 3, 9.11,[81]

Symbolhandlung zum Eingang des Gottesdienstes

Während des Eingangsspiels tragen Kinder und alle Mitwirkenden (inkl. Statthalterin)[82] je einen Backstein nach vorn und legen mit den Steinen auf der Seite gegenüber der Kanzel ein Fundament. Vor dem Taufstein steht ein grosses Holzhaus, das Kinder in einer Kinderwoche gezimmert und angemalt haben. Auf dessen Dach steht mit grossen Buchstaben: „Willkommen in Vechigen!". Noch während des Eingangsspiels heben vier Erwachsene das schwere Haus, drehen es um 180° und stellen es auf das Fundament der Backsteine. Nun ist auf der vorderen Seite des Dachs gross eine Sonne zu sehen, Ausdruck der Freude, dass Familie Vischer neu ins Pfarrhaus eingezogen ist.

Persönliches

Lieber Pfarrer Christoph Vischer,

wir haben uns als Kollegen nicht näher gekannt. Aber wo sich unsere Wege berührten, haben wir uns gefunden. Am Ausgang des Heimisbachs im Emmental hätte uns bloss eine unbedeutende Gemeindegrenze trennen können, hätten sich unsere Amtszeiten dort über-

[81] Gehalten zur Amtseinsetzung von Pfarrer Christoph Vischer am 6.6.2004 in der Evangelisch-reformierten Kirche Vechigen. Erstmals veröffentlicht in: Philipp Nanz (Hrsg.), Der Erneuerung von Kirche und Theologie verpflichtet, S. 418-423. Ich kam in die Nachbargemeinde, um hier als Beauftragter des Synodalrats der Kirchen Bern-Jura-Solothurn mit der Gemeinde die Amtseinsetzung des neugewählten Pfarrers Christoph Vischer zu feiern. Zugleich bildete dieser Gottesdienst den Abschluss einer Kirchenrenovation und einer Orgelrevision.

[82] Frau Regierungsstatthalterin Regula Mader, Überbringerin der Wahlurkunde des Staats.

schnitten.[83] Jetzt trennt uns wiederum eine unscheinbare Grenze, jene zwischen zwei Amtsbezirken, was für die Zusammenarbeit im Pfarrverein, in der Bezirkssynode und in weiteren Bereichen der Arbeit leider zur Folge hat, dass wir uns beruflich kaum sehen und man sich über die Amtsgrenze hinweg Mühe geben muss, den Kontakt zu pflegen.[84] Die einzige Ausnahme bildet das Altersheim Vechigen-Worb, wo wir an der gleichen Aufgabe stehen. Gerne komme ich nun als Nachbar hierher und feiere mit Dir, Deiner Frau, Deinen Kindern und Deiner Gemeinde die Einsetzung in die Aufgabe, die Dir hier in Vechigen wartet.

Zum Selbstverständnis des Pfarrers

Du verstehst Dich ja auch nicht als Einzelkämpfer. Schon zu Hause im Pfarrhaus bist Du umgeben und getragen von Deiner Familie. Die Kinder spielen eine grosse Rolle im Leben von Dir und Deiner Frau:

- die Kinder, von welchen wir so viel lernen können (natürlich auch sie von uns!);
- die Kinder, die immer wieder Quelle frischen Lebens sind;
- die Kinder, die die Zukunft der Kirche darstellen.

---

[83] Ich war in Lützelflüh-Grünenmatt, Christoph Vischer in der Nachbarkirchgemeinde Trachselwald tätig, bevor wir nun in Vechigen und Worb benachbarte Pfarrstellen innehaben. Zwischen unseren jeweiligen Amtszeiten lagen einige wenige Jahre.

[84] Vechigen gehörte zum Amtsbezirk Bern-Mittelland, Worb zu Konolfingen.

Darum habe ich als Motto für diesen Gottesdienst einen Predigttext gewählt, zu dem es auch ein Kinderlied gibt[85]: *Wir sind ... Gottes Mitarbeiter, ihr aber seid Gottes Ackerland. Oder mit einem anderen Bild: Ihr seid Gottes Bau... Das Fundament ist gelegt: Jesus Christus. Niemand kann ein anderes legen.*[86] (1. Kor. 3,9.11)

Kein Apostel, kein Pfarrer oder Diakon, keine Kirchgemeinderätin oder sonst ein Mitglied der Gemeinde lebt und wirkt aus „eigenen Gnaden". Wir alle, liebe Gemeinde, sind Mitarbeiterinnen und Mitarbeiter Gottes. Eine festgefügte Hierarchie kennt der Apostel nicht. Die letzten Verantwortlichkeiten eines jeden in der Gemeinde gelten Gott und nicht Menschen gegenüber. Das ist zu Recht Kennzeichen unserer reformierten Kirche, die sich gerade am Tag des Papstbesuches ihrer Stärken und Schwächen nicht schämen muss.[87] Moderne Führungsgrundsätze mögen trotzdem Einzug halten in unserer Arbeit, sofern sie wirklich hilfreich sind und sich an biblischen Werten messen lassen.

Eines von zwei Bildern: der Bau (V.11)

Zwei Bilder für die Gemeinde bringt Paulus in unserem Text: jenes des Ackerfeldes und jenes des Baus. Beschränken wir uns heute auf

[85] „Gott baut ein Haus, das lebt" in: KOLIBRI. Mein Liederbuch, hrsg. vom KiK-Verlag, 1. Aufl. 1995, Berg am Irchel. Text s. unten Anm. 91-93.

[86] GUTE NACHRICHT BIBEL, Stuttgart 1997

[87] Während dieses Gottesdienstes feierte Papst Johannes Paul II unter grosser Medienpräsenz mit 70'000 Menschen auf der Berner Allmend eine Messe. Zu 1.Kor. 3,11 als Antithese zu Matth. 16,18 s. Zimmermann, Lehrer, 111-113. Ich habe bei Kurt Stalder (1912-1996) gelernt, aktuelle Bezüge jeder Art in der Predigtarbeit zu berücksichtigen, vgl. Kurt Stalder, Wirklichkeit, 159-162.

jenes des Baus! Schon nur das äussere, jetzt renovierte „Gotteshaus" von Vechigen, auf der Anhöhe über dem Dörflein gelegen,[88] zusammen mit der renovierten Pfrundscheune Mittelpunkt einer grossen Kirchgemeinde,[89] unübersehbarer Zeuge in der wunderbaren Landschaft des oberen Worblentals, nicht zuletzt mit einem der schönsten Friedhöfe der Gegend... Diese Kirche Vechigen, Eure Kirche, liebe Gemeinde, ist ein Symbol, wie wir als Gemeinde Jesu Christi Haus sein sollen, eine Beheimatung finden dürfen, die über alles Sichtbare, Messbare, Irdische hinausgeht. Denkt nur an jene Stunden, da Ihr hier in dieser Kirche von einem lieben Menschen Abschied genommen habt! Brauchen wir nicht die Zuversicht, eine Heimat im Himmel zu haben? – Nur geht das Bild des Paulus und mit ihm das Bild des Kinderliedes nun auch noch auf andere Weise über den realen Bau hinaus. Das Kinderlied „Gott baut ein Haus, das lebt"[90] formuliert es locker: In der Gemeinde gibt es viele Steine, grosse, kleine, bunte.[91] Ich bin ein solcher Stein[92], ein Baustein, ob Kind, Mutter, Vater oder Grosseltern, ob da vorne mit einer Aufgabe oder in

---

[88] Vgl. Junker-Wisler, Kirche Vechigen, 167- 172.

[89] Nägeli, Kirchliches Leben, 173-219.

[90] S.o. Anm. 85.

[91] Die erste Strophe lautet:
„Gott baut ein Haus, das lebt,
aus lauter bunten Steinen,
aus grossen und aus kleinen,
eins, das lebendig ist." (1. Strophe)

[92] „Gott baut ein Haus, das lebt,
aus ganz, ganz vielen Leuten,
die in verschiednen Zeiten
hörten von Jesus Christ." (3. Strophe)

den Kirchenbänken als Hörende, oder ob als Mitglied in einem Mitarbeiterteam...

Ja, Teamarbeit ist wichtig in der kirchlichen Arbeit! Ich arbeite, wer ich auch bin, an einer Ecke des Bauplatzes, an einer Mauer oder an einer Schwelle![93] Und Paulus, tief geprägt von seinem Erleben, dass ihm Christus selbst vor Damaskus erschienen ist, um unter den Völkern das Evangelium zu verkündigen, kommt nun zur Aussage, wie man sie nicht mehr vergessen kann, wenn man sie einmal gelesen oder wirklich gehört hat: *Das Fundament ist gelegt: Jesus Christus. Niemand kann ein anderes legen.* (1. Kor. 3,11)

Das Fundament: Jesus Christus

Es kann also der Sturm kommen und rütteln wie er will. Jesus Christus mit seinem Wort ist und bleibt das Fundament der Kirche.[94] Dieses Bild, wie es uns ähnlich bereits in der Schriftlesung begegnet ist,[95] dürfte der Vechiger Bevölkerung gerade in diesen Tagen starker Regenfälle[96] wieder besonders nahe kommen.[97] Es gilt uns allen ganz

---

[93] „Gott baut ein Haus, das lebt,
er selbst weist dir die Stelle,
in Ecke, Mauer, Schwelle,
da, wo du nötig bist.“ (4. Strophe)

[94] Das ist auch das Anliegen von Johannes H. Schmid, Biblisch erneuerte Theologie, 1984, 7-27.

[95] Matth. 7,24-27.

[96] Am Donnerstag und Freitag vor diesem Gottesdienst stieg der Pegel des Thuner-, Brienzer- und Sarnersees wieder bedrohlich an, auch das Berner Mattequartier hatte Hochwasser, wenn auch ohne grösseren Schaden. Ich hörte, dass dies bei Vechigern Erinnerungen an die folgenschweren Hochwasser 1986 und 1987 heraufbeschwor (am 23. Mai 1986 war sogar ein Todesopfer zu beklagen, die Versicherungen mussten 1986 Fr. 867 000.- an Zahlungen leisten,

persönlich, seien wir nun Pfarrersleute oder Gemeindeglieder, Kinder, Jugendliche oder Erwachsene, gehe es uns gut oder gehe es uns schlecht. Auf dem Fundament Jesus Christus kann ich zu Hause sein, darf ich Geborgenheit erleben, finde ich einen Ort, von dem aus ich immer wieder hinausgehen kann. Ein Pfarrer ist gewiss in erster Linie für seine Ortsgemeinde da; er kann aber auch mit Aufgaben über die Gemeindegrenzen hinaus betraut sein.[98]

Wo Christus das Fundament ist, soll schon auf dem Bauplatz, wie erst im Innern des Hauses, trotz allen Verschiedenheiten, ein Dreifaches gelten:

---

die Schadenbehebung kostete im gleichen Jahr die Gemeinde Vechigen Fr. 2'088 058), s. Müller , Landschaft, 22- 27.

[97] Am besagten Freitag, den 23. Mai 1986 erlebte Vechigen eine grosse Bewahrung, als die Gemeindeversammlung in der Turnhalle gerade noch früh genug abgesagt werden konnte, bevor enorme Mengen von Hochwasser Keller, Einstellhallen und Souterrains füllten. In einem persönlichen Bericht, der in der Vechiger Ortsgeschichte publiziert wurde, heisst es: „Die Wassermassen dringen innert sehr kurzer Zeit in die Häuser ein.... dringen in Küchen und Wohnstuben bis 20 Zentimeter unter die Decke. Die Meldung, Frau Sigrid Streit-Barth sei ertrunken, löst Schrecken und Besorgnis zugleich aus... Die Turnhalle im Untergeschoss des Stämpachschulhauses steht innerhalb von 10 Minuten über vier Meter tief unter Wasser.“ (ebd, 22f). Dies nur zwei Stunden vor der besagten Gemeindeversammlung! (Mitteilung von Frau Ruth Studer-Schellenberg. Ihr Mann, Hans Studer, war damals Gemeindepräsident von Vechigen und erzählte im Nachhinein zeugnishaft in meinem Gottesdienst zur „Goldenen Konfirmation“ vom 13. April 2003 in der Kirche Worb, wie ihm damals sein Konfirmationsspruch geholfen hat, diese Situation zu bewältigen.

[98] Pfarrer Christoph Vischer arbeitet in der Leitung des Evangelischen Gemeinschaftswerks EGW mit. Das EGW entstand 1996 aus dem Zusammenschluss der Evangelischen Gesellschaft des Kantons Bern und dem Verband Landeskirchlicher Gemeinschaften des Kantons Bern (Jahresbericht 2003, 42). S. auch die Vorgeschichte dieses innerevangelisch-ökumenischen Zusammenschlusses aus der Feder des Vorgängers von Christoph Vischer, Pfarrer Markus Nägeli: Heiligungsbewegung, 1981, 223-496.

- *erstens,* dass der Friede gesucht wird (so ist es sicher im Sinn und Geist Jesu Christi, wenn wir an die Bergpredigt denken),
- *zweitens,* dass der Wille besteht, dem andern immer wieder zu vergeben, wenn in der konkreten Arbeit Spähne fliegen und
- *drittens,* dass wir ernst machen, nicht Macht ausüben zu wollen, sondern den Menschen zu dienen. *... der Menschensohn ist nicht gekommen, damit ihm gedient werde, sondern damit er diene und sein Leben gebe als Lösegeld für viele.* (Mark. 10,45)

Basis für den interreligiösen Dialog

Zum Schluss eine kritische Frage an unseren Text. Gibt es wirklich nur den einen und einzigen Grund, auf welchem christliches Leben gelingen kann? Ist Paulus hier nicht allzu ausschliesslich, wenn er schreibt: *Niemand kann ein anderes Fundament legen?* Hat in solchen Bibelstellen nicht eine religiöse Intoleranz ihre Wurzeln, wie wir sie heute ablehnen müssen? Können wir so etwas in einer Zeit nachbuchstabieren, da über die Verständigung unter Christen hinaus auch der interreligiöse Dialog wichtig ist?

Ich denke, lieber Christoph, liebe Leute, gerade wenn wir bereit sind, den Dialog bei Gelegenheit mit allen Menschen, Strömungen und Richtungen zu führen, ist diese Fundierung im Glauben umso wichtiger. Es dient niemandem, Dialogpartner zu haben, die ihren eigenen Boden verlassen haben und nicht mehr wissen, was ihnen wirklich wichtig ist. Wir brauchen die tiefe Verwurzelung im christlichen Glauben, in Jesus Christus, der uns in seinen Gebeten immer wieder gezeigt hat, wie er in seiner Beziehung zum Vater im Himmel zutiefst verwurzelt war.[99]

Wenn etwa in absehbarer Zeit in Bern ein „Haus der Religionen“ entstehen soll[100], dann heisst das nicht, dass wir unsere Basis, Jesus Christus, aufgeben. Es war ein Herrenhuter Pfarrer[101], der neulich bei uns in Worb[102] berichtete, wie ihn die Schweizer Brüdergemeine für dieses Projekt, das er leitet, freistellt.

Wir wolln uns gerne wagen, in unsern Tagen
der Ruhe abzusagen, die's Tun vergisst.
Wir wolln nach Arbeit fragen, wo welche ist,
nicht an dem Amt verzagen, uns fröhlich plagen
und unsre Steine tragen aufs Baugerüst.[103]

Literatur:

Philipp Nanz (Hrsg.), Der Erneuerung von Kirche und Theologie verpflichtet. Freundesgabe für Johannes Heinrich Schmid, Verlag arte Media Riehen/Basel, 2005
auftrag, Zeitschrift für praktische Pfarreiarbeit 6/2000, S. 24f
Barbara Junker-Wisler, Die Kirche Vechigen, in: Geschichte der Gemeinde Vechigen, 1995 (erhältlich bei der Gemeindeverwaltung Vechigen, Kernstrasse 1, 3067 Boll), 167-172

---

[99] Matth. 11,25-27; Luk. 10,21-22; Joh. 5,43; 6,57; 8,49; 10,15.17f.25-30; etc
[100] Das Berner „Haus der Religionen“ kann im Dezember 2014 eröffnet werden.
[101] Pfr. Hartmut Haas, portraitiert in auftrag. Zeitschrift für praktische Pfarreiarbeit Nr. 6/2000, S. 24-25.
[102] In einem Vortrag vom 21. Januar 2004 anlässlich der Gebetswoche für die Einheit der Christen im Kirchgemeindehaus Worb.
[103] Nr. 811 im Gesangbuch der Evangelisch-reformierten Kirchen der deutschsprachigen Schweiz.

Gertrud Trittibach (Hrsg.), Jahresbericht 2003 des Evangelischen Gemeinschaftswerks, Bern (Postfach 257, Lorraine, Bern 11)

Peter Müller: Landschaft, Wasser und Wald, in: Geschichte der Gemeinde Vechigen, 1995 (erhältlich bei der Gemeindeverwaltung Vechigen, Kernstrasse 1, 3067 Boll), 9-30

Markus Nägeli: Die Evangelische Gesellschaft des Kantons Bern in der Auseinandersetzung mit der Heiligungsbewegung, in: Rudolf Dellsperger/ Markus Nägeli/Hansueli Ramser, Auf dein Wort. Beiträge zur Geschichte und Theologie der Evangelischen Gesellschaft des Kantons Bern im 19. Jahrhundert, Bern 1981

Markus Nägeli, Kirchliches Leben im Wandel der Zeit, in: Geschichte der Gemeinde Vechigen, 1995 (erhältlich bei der Gemeindeverwaltung Vechigen, Kernstrasse 1, 3067 Boll), S. 173-219

Johannes H. Schmid, Was heisst biblisch erneuerte Theologie? Anregungen – Anfragen – Wünsche, in: ders. (Hrsg.), Unterwegs zu biblisch erneuerter Theologie, Giessen/Basel 1984

Kurt Stalder (hrsg. v. Urs von Arx), Sprache und Erkenntnis der Wirklichkeit Gottes. Texte zu einigen wissenschaftstheoretischen und systematischen Voraussetzungen für die exegetische und homiletische Arbeit, Freiburg 2000, 159-162

Alfred F. Zimmermann: Die urchristlichen Lehrer. Studien zum Tradentenkreis der didaskaloi im frühen Urchristentum, 2. Aufl. Tübingen 1988 (WUNT 2. R. 12).

Fürbitte

der luth. Pfarrbruderschaft für die Einheit der Kirche[104]

Herr, unser Gott, lieber Vater in Jesus Christus!

Wir reden vergeblich mit uns selber, wenn du nicht zuvor mit uns geredet hast. Wir haben dir kein Lob darzubringen, das deiner würdig ist, wenn du es nicht in unsere Herzen und auf unsere Lippen legst, wenn du nicht unser ganzes Leben, alle unsere Gedanken, Worte und Werke zu deinem Lob machen und als dein Lob annehmen willst.

Der du uns berufen hast, ein Leib zu sein in der Kirche deines Sohnes, unseres Heilandes, vergib uns unsere Sünden und unseren Ungehorsam gegen deinen Ruf. Vergib uns unsere Selbstzufriedenheit und den Mangel an Liebe, durch die deine Kirche gespalten und ihre Genesung gehindert ist.

Erbarme dich unserer Schwachheit, wenn wir in Gefahr sind, dass Volkstum, Rasse oder Klassenzugehörigkeit Trennungen aufrichten in deiner Christenheit, erbarme dich über unseren Mangel an Glauben, wenn wir den Grund verlieren, auf den du uns gestellt hast, und die Irrtümer dieser Welt deine Kirche zu verderben drohen. Nimm von uns alle Furcht vor der Wahrheit, alle Herzenshärtigkeit, alle Schwachheit des Willens.

---

[104] ORATE FRATRES. Gebetsordnung für evangelische Pfarrer und Mitarbeiter der Kirche, im Auftrag der lutherischen Pfarrbruderschaft, hrsg. von Hans-Joachim Dröge u.a., Vandenhoeck & Ruprecht, 3. Aufl. Göttingen 1970, S. 18f (gekürzt).

Du hast uns durch deinen Sohn das *Eine* Brot und den *Einen* Kelch gegeben, auf dass der Tod unseres Herrn verkündigt werde, bis dass er kommt. Deshalb bitten wir dich: Habe Erbarmen mit unserer Zerspaltenheit, in der wir deine Gaben empfangen; führe uns in wahre Reue und schenke uns eine heilige Sehnsucht nach der Offenbarung der Einheit deiner Kirche. Führe uns zusammen in der Busse, jetzt und hier, wir bitten dich, himmlischer Vater, damit wir zu deiner gnädigen Zeit vereinigt werden in der vollendeten Kirche deines lieben Sohnes, Jesu Christi, unseres Herrn. Amen.

Siehe, ich mache alles neu (II)

Abschiedspredigt zu Offb 21,5[105]

Liebe Gemeinde,

kurz vor dem Ziel der biblischen Heilsgeschichte steht ein Satz, der die Hoffnung der ganzen Bibel zusammenfasst. Ich stelle ihn über meine kurze Predigt. Christus sagt: *Siehe, ich mache alles neu!* (Offb 21,5).

Die äusseren Zusammenhänge dieses Textes sind Euch vielleicht bekannt. Der Verfasser des letzten Buches der christlichen Bibel, der Apokalyptiker Johannes, landet nach schweren Erlebnissen als Leader von verfolgten christlichen Gemeinden auf der Insel Patmos, völlig erschöpft und ausgelaugt.

Da meldet sich sein Unbewusstes mit einem Riesenschwall von Bildern, Visionen und Auditionen. Er begegnet noch einmal Christus als leuchtender Gestalt und erlebt in seinen Erfahrungen vorausschauend Wirren der Zukunft, der letzten Zeit.

Sieben Siegel tun sich ihm auf, sieben Gerichtsposaunen erschallen, sieben Zornschalen giessen Unheil über die ganze Erde. Und dazwischen himmlische Liturgien, Visionen von Christus als dem Lamm Gottes, die Schilderung eines tausendjährigen Friedensreiches.

Dieses letzte Buch der Bibel mag uns fremd erscheinen und fremd bleiben, mir auch; aber aus diesen schwierigen Äusserungen aus dem

---

[105] Aus dem Gottesdienst zur Pensionierung vom 1.9.2013 in der Evangelisch-reformierten Kirche Worb.

Unbewussten des Johannes, der durch seine Schrift zum christlichen Propheten geworden ist, kommt wie eine Leuchtspur dieser Satz: *Und der auf dem Throne sass* (d.h. Christus) *sprach: Siehe, ich mache alles neu.* (Offb 21,5)

Dieser Satz hat es in sich. Er fasst in einmalig kurzer, verständlicher und tröstlicher Art zusammen, was für mich die Botschaft der ganzen Bibel ist. Immer wieder dringt das Neue aus dem Alten durch und begründet Hoffnung. Christus kann alles neu machen.

*　　*　　*　　*

Schon ganz am Anfang schafft Gott Neues. Natürlich haben die Schöpfungskapitel am Anfang der Bibel nicht naturwissenschaftlichen Wert. Der Text der 7 Tage im 1. Kapitel ist eigentlich ein grandioser Psalm, 1. Mose 2ff mit dem ersten Menschenpaar Adam und Eva der Anfang einer hochstehenden Erzählkultur am Hof der späteren israelitischen Könige.

Aber aus diesen Äusserungen von reflektiertem rsp. literarischem Glauben, welche spätere Generationen im biblischen Kanon platzierten, spricht eine grosse Hoffnung für diese Welt. In der Schöpfung, wie auch immer sie zu erklären ist, geschieht das absolut Neue, und die Zukunft wird bei den Propheten auch wieder als eine völlige Neuschöpfung angesehen.

Ja, die Propheten wiesen immer wieder auf die neuschaffende Kraft Gottes hin und begründeten damit Hoffnung. Und Israel wird in Psalmen unermüdlich aufgerufen: *Singet dem Herrn ein neues Lied.*[106]

---

[106] Psalmen 96, 98 und 141; vgl. Ps 33,3 und Jes 42,10.

Wir singen dies als christliche Gemeinde oder singen es im Chor, der bei uns hier in Worb übrigens den Namen trägt: *Cantica Nova* („Neue Lieder“).[107]

Und der irdische Jesus bringt Wein in *neue* Schläuche, nicht in alte. Er redet noch und noch in Bildworten und Gleichnissen von dem, das kommen soll. Auch wenn er uns beten lehrte: *Unser Vater im Himmel,* dann ist diese Anrede in der Art nichts anderes als gleichnishaft zu verstehen.

Da ist beileibe nicht ein biologischer Vater gemeint, liebe Gemeinde. Wer käme auch nur im Entferntesten auf eine solche Idee! Ich würde an unserer biblischen Sprache aber nicht rütteln. Diese tiefen Bilder sollte man der Seele des Menschen nicht wegnehmen und sie nur mit dem Verstand zu fassen versuchen.

Noch auf einem meiner letzten Besuche hatte die Frau, die ich besuchte, einen Zeitungsausschnitt auf dem Schreibtisch bereit und wollte mit mir über die unvorsichtige, weit gestreute Meinungsäusserung einer Kollegin aus der Nachbargemeinde zum Gott reden, den es gar nicht gebe. Aber die Frau liess mich dann gar nicht zu Wort kommen. Eifrig ergriff sie selbst das Wort und meinte, sie verstehe diese Pfarrerin schon ein bisschen.

Aber sie wisse selber aus Erfahrung, dass Gott mit ihr sei. Nur müsse natürlich jeder selber entdecken, wer Gott für ihn sei. Für sie sei Gott Geist. – Dazu meinte ich, wir seien damit gar nicht weit von der Bibel entfernt! *Gott ist Geist, und die ihn anbeten, müssen ihn im Geist und*

---

[107] Der Chor sang im Gottesdienst von Heinrich Schütz: „Cantate Domino canticum novum“.

in der Wahrheit anbeten. (Joh 4,24) Nur ist dies, wie ich meine, nur die halbe Wahrheit meines *auch personalen* Gottesbildes: Ich glaube an Gott als der „Liebe in Person“.

* * * *

Und jetzt: ***Neuland Pensionierung.*** Da wird ja viel anders und neu werden für mich und meine Frau. Ohne auf die Uhr zu schauen, wenn wir „Zmörgele“ auf dem sonnigen Vorplatz vor unserer Wohnung! Das Wetter, nicht die Freitage bestimmen lassen, wann wir wandern gehen oder sonst wegfahren. Ferien frei aussuchen können!
Freiheiten, wie wir sie vorher nie hatten, auch wenn ich ja die letzten Jahre offiziell nur noch 40% arbeitete, zu 60% frühpensioniert war. Jetzt wird auch meine Frau einen Monat nach mir pensioniert, und wir können wie nie zuvor machen, was wir wollen, mehr Zeit haben füreinander und für die Familie, gerade auch für die Grosskinder.

Ich möchte an dieser Stelle meinen Kolleginnen Eva Koschorke und Judith Wenger und den Kollegen Stefan Wälchli und Daniel Marti herzlich danken, dass sie wegen meinen gesundheitlichen Problemen manches zusätzlich leisteten. Sie mussten oft umdisponieren, hatten wegen mir Mehrarbeit.
Und auch den andern vom Team und dem Kirchgemeinderat danke ich herzlich für das grosse Wohlwollen gerade in den letzten Jahren! Und erlaubt mir, auch meiner Frau herzlich zu danken. Sie stützte mich immer sehr. Und meiner Familie und Euch, liebe Gemeinde, die immer hinter mir stand.

Auch letzten Frühling passierte es leider, dass eine schwere Depression über mich kam und ich für Monate ausfiel. Solche Zeiten waren für mich manchmal auch wie Apokalypsen, und wie befreiend für mich auch persönlich klingt jetzt dieser Lichtblick aus dem Buch des christlichen Propheten Johannes, wenn Christus am Ende des heilsgeschichtlichen Dramas sagt: *Siehe, ich mache alles neu.*

Ich darf den Schritt in die Zukunft persönlich und zusammen mit Euch mit diesem Bibelwort begehen, da Christus selber sagt: *Siehe, ich mache alles neu.* Und ich darf es öffentlich bezeugen, dass diese Hoffnung nicht eine leere Hoffnung, sondern eine mit Zuversicht gefüllte Hoffnung für alle sein soll. Geteilte Hoffnung ist die schönste Hoffnung.

*   *   *   *

Wirst Du auch bald einmal pensioniert? Oder geht es für Dich noch lange? Oder bist Du schon pensioniert? Stehst Du sogar schon vor der Frage, wie lange Du das Leben wohl noch hast, weil ernsthafte Erkrankung in Dein Leben gedrungen ist, der Tod auf irgendeine Art seine Schatten vorauswirft? Christus, Person in der Rolle des Sohnes des höchsten Gottes, sagt auch für Dich: *Siehe, ich mache alles neu.*

Meine These: Das ist etwas für die Seele, nicht in erster Linie für den Verstand. Ich gehe mit meiner Kollegin aus der Nachbargemeinde nicht einig, dass mit dem Tod alles zu Ende sei. Klar können wir nur gleichnishaft auch von der Ewigkeit reden. Klar ist praktisch die ganze Bibel Gleichnis, Bilderbuch. Unsere Seele braucht Bilder, eine Hoffnung, über das irdische Leben hinaus: *Siehe, ich mache alles neu.*

In einem Editorial auf unserer Oster-Gemeindeseite bin ich schon vor zweieinhalb Jahren auf diese neue Sicht der letzten Fragen auch gerade unter Theologen eingegangen, dass nach dem Tod nichts mehr Konkretes zu erwarten sei. Und ich erhielt noch nie so starke Echos auf einen Artikel wie bei diesem.[108]

Die Pensionierung bedeutet trotz allen schönen Aussichten auch einen tiefen Einschnitt im Leben, was den nahenden Tod anbelangt. Wie lange habe ich noch zur Verfügung? Wie lange gibt es mich noch auf dieser Erde? Ich schrieb, wir brauchten innere Bilder von Gott, der ja Geheimnis ist, und vom ewigen Leben.

Ich möchte Euch mit dem Schluss dieses Editorials noch einmal fragen:

„Ist es nicht ein gutes Gefühl, in österlicher Gewissheit damit zu rechnen, dass ich nach dem Tod von Gott erwartet werde, wie ein Kind bei der Geburt von seinen Eltern liebend empfangen wird?“[109]

Mit dieser Hoffnung, mit diesem Bild vom wartenden Gott, von den liebenden göttlichen Eltern, Mutter und Vater, die nach diesem irdischen Leben auf uns warten, nach einer Geburt ins ewige Leben, möchte ich *letzten Endes* pensioniert werden, dieses Neuland betreten und pensioniert sein. Und Ihr, liebe Gemeinde?

Siehe, ich mache alles neu. Amen.

---

[108] S.o. S. 65-67.
[109] S.o. S. 67. Leicht abgeändert.

Printed by Books on Demand GmbH, Norderstedt / Germany